翠巖山房藏漢晉磚拓百種

陳巨鎖題

宁志刚 主编

李德仁 题跋

山西出版传媒集团
山西人民出版社

凡例

一、释文遵循题跋书法的完整性，一般不作删节。

二、标题由编者根据砖拓统一规范拟订，不完全照录题跋原文。

三、题跋书法脱字，用〔　〕括入所补文字。

四、题跋书法字误，原字后用（　）写入正确的字。

五、对砖拓无法辨认、释读的字，用□表示。每□表示缺一字。

序

李德仁

古砖之制，陶瓦同属，抟土烧造，始于远古。而汉魏六朝大盛。宫室、城垣、墓穴等多用之。北方干燥，建筑可以夯土，故多版筑；南方地湿，夯土难存，故多用砖。汉晋造砖，多用于砖模内侧阴刻文字、图形，脱于砖坯，便有阳凸之字形、图像，或记年月，或铭姓氏，或祈祥瑞，字形图样皆出当时书家艺人，寓其代之文化，最饶古雅意趣。清以来金石碑帖之学盛行，汉魏六朝砖文亦受重视，收藏拓印，渐成风气。江南多砖，其风尤兴，吾晋文士，亦雅重之。

清晚介休有郎用周，能文擅画，山西巡抚曾国荃招至幕下，后客居湖北，收得汉魏六朝文字之砖百枚，运载以归。民国初王树枏辞官定居介休洪山，访得郎氏旧藏之半，拓印编成《汉魏六朝砖文》巨册，徐世昌为之序，在京影印行世，文界推重。

今忻州庄磨宁志刚友，博闻强识，重文研古，撰述颇丰，尝受教于文字学大家张颔先生，与余有同门之谊。近年收藏汉晋南朝砖拓文字图形逾百幅，其中图像者约三分之一。曾举以示余，因留斋中年余，闲时赏阅玩味，诚快事也。每每兴至，援笔题跋，竟然卒篇。或略述砖文图形内容，或兼之感受论说。粗浅之见，幸得志刚友赏爱，并拟出版面世，今谨叙梗概，以喻同好。

此书出版对学界大有裨益，盖汉魏六朝砖文，乃书学之大宗，时代久远，其时笔迹极难保存至今，旧所见者多为碑刻规整修饰之字，而砖文则随性所好，尽情达意，另成雅趣，可谓古代书艺一大渊薮。而砖拓图像，更可补汉晋六朝图画之遗缺，诚美术史难得之珍贵资料。且刻模拓印，与古文字印章、肖形印谱有异曲同工之妙。昔傅青主及西泠印派皆倡尊秦汉印，尚不知汉晋六朝砖文图形，别有佳妙天地。此册所收砖文和图形皆为朱拓，辅以题识，以俾赏读。今付梓面世，不仅可为书法之经典，亦足称印学之宝范。嘉惠艺林，转益无穷。读者珍之。

岁壬寅新正上元日于太原存道堂

目录

序　李德仁　一
汉绳纹砖　二
汉嘉树六博画像砖　四
汉双凤五金钱币砖　六
汉青龙白虎砖　八
汉天人戏凤画像砖　一〇
汉鞴鹰人物画像砖　一二
人物九尾狐狸画像砖　一四
凤凰鲤鱼画像砖　一六
汉仙人博弈画像砖　一八
西晋青龙砖　二〇
双凤衔璧图砖　二二
丹凤芝草画像砖　二四
凤凰来仪画像砖　二六
汉连理树人物画像砖　二八
丹凤钱币画像砖　三〇
西晋丹凤画像砖　三二
汉天山仙人砖　三四
西晋青龙白虎凤衔钱币砖　三六
南朝羽人画像砖　三八
南朝侍卫人物画像砖　四〇
南朝贵族夫人画像砖　四二
南朝菩萨胁侍画像砖　四四
南朝羽人画像砖　四六
南朝束冠高士画像砖　四八
南朝人面鱼纹画像砖　五〇

南朝高僧画像砖 五二
六朝拄杖侍者砖 五四
晋符篆图形砖 五六
晋束冠人画像砖 五八
晋高冠团领人物画像砖 六〇
六朝钱币人形砖 六二
晋人面钱币砖 六四
晋二龙双鹤砖 六六
南朝符篆砖 六八
君宜官三公砖 七〇
右虎左龙富贵未央砖 七二
汉宜子孙砖 七四
汉金室篆文砖 七六
汉大吉云纹砖 七八
汉钱日至吉语砖 八〇
钱万吉语砖 八二
大吉羊金玉堂砖 八四
汉吉祥文字砖 八六
汉图形文字砖 八八
汉致君砖 九〇
大富宜子孙砖 九二
出公卿百子千孙砖 九四
晋刘龙定砖 九六
汉宜官秩篆文砖 九八
汉郭左前作骑车相胡工丞砖 一〇〇
汉亿载文字砖 一〇二
汉大吉羊双玉砖 一〇四
秩至二千石吉语砖 一〇六
汉张宜阳君砖 一〇八
汉万岁不败吉语砖 一一〇
晋甲子有鱼砖 一一二
汉晋金钱砖 一一四

汉永元八年璧纹砖 一一六
东晋泰和丁卯砖 一一八
汉大吉羊文字砖 一二〇
汉君高迁宜子砖 一二二
汉阳遂富贵砖 一二四
汉子孙寿砖 一二六
汉家安久兴千子万孙砖 一二八
晋富贵有钱砖 一三〇
汉宜仙寿贵砖 一三二
晋大吉富贵宜子孙砖 一三四
汉万世不败砖 一三六
汉寿比山陵吉语砖 一三八
汉元初五年文字砖 一四〇
晋太康二年铢氏作砖 一四二
晋太康八年砖 一四四
晋太康十年车是砖 一四六
晋元康三年张仲基作砖 一四八
晋元康三年曹□宜季夫砖 一五〇
晋元康四年八月番小造砖 一五二
晋元康八年刘氏砖 一五四
晋元康八年邵氏砖 一五六
晋永和四年七月砖 一五八
晋永宁二年砖 一六〇
汉永初三年太岁己酉砖 一六二
三国吴黄龙元年砖 一六四
三国吴天纪元年八月造砖 一六六
南朝宋元嘉七年潘氏作砖 一六八
汉永寿二年砖 一七〇
晋议郎虞询砖 一七二
汉葬庚地位公侯砖 一七四
晋万年不败出贵人砖 一七六
汉大吉宜子孙有钱砖 一七八

泊桂树于浦高堂砖 一八〇
汉富贵老寿万世不败砖 一八二
晋永嘉二年虞将军夫人范氏砖 一八四
跋 宁志刚 一八五

讀書山房

汉绳纹砖

忻州古称九原，又曰秀容，东汉建安廿年即建城池。元好问天庆观重建功德记云：吾州跨西冈而城，而冈占城之半。清忻州直隶州志载：九原冈在州西南，东接城垣，冈势逶迤，其冈有九，故名九原。忻州向有『文跻九原，雅出秀容』之誉，历代遗存俯拾皆是。是砖即九原冈所出也。

辛丑初冬　宁志刚

是砖出土于山西忻州忻府区九原岗（冈）。长三十四公分，宽十七公分，厚五公分许，重近六公斤。砖体呈铅灰色，单面绳纹，质地坚硬，典型汉砖也。山右迄今鲜见画像古甓，唯夏县禹王城遗址君子有九思砖名满天下。今岁余编翠岩山房藏汉晋砖拓一书，然余藏百拓竟无一吾邑汉砖者，殊觉憾矣。遂遍嘱同道详加留意。不日，蒙李君见告，偶得此砖，乐何如之。庄磨宁志刚谨识。

岁辛丑清冬

翠岩山房主人嘱书　雷森林

漢嘉樹六博畫像磚精拓

汉嘉树六博画像砖

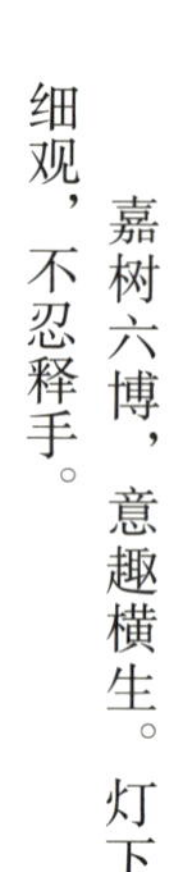

嘉树六博，意趣横生。灯下细观，不忍释手。

辛丑初春　宁志刚

此磚出自四川廣漢圖中左二人玩六博之戲右側一人於搖錢樹上採摘金錢乃漢人常見題材 畫面生動傳神 六博為古之博戲兩人相博各用六子故名 漢人作畫形象古樸捨小節而重大體遺貌取神似粗獷而實細膩此正其妙處所在

歲丙申秋日李德仁題

此砖出自四川广汉。图中左二人玩六博之戏，右侧一人于摇钱树上采摘金钱，乃汉人常见题材。画面生动传神。六博为古之博戏，两人相博，各用六子，故名。汉人作画，形象古朴，舍小节而重大体，遗貌取神，似粗犷而实细腻。此正其妙处所在。

岁丙申秋日　李德仁题

雙鳳五金錢幣磚

汉双凤五金钱币砖

『箫韶九成，凤凰来仪』。始出尚书·益稷，后喻吉兆。

辛丑二月　宁志刚

此砖出于四川，当为汉代之物。图左右为双凤。凤之传说甚早。格物总论曰：凤，神鸟也。雄曰凤，雌曰凰。五色备举。出东方君子之国，见则天下安宁。图中部钱作倒状，取谐音倒则到也。钱上『五金』二字，金乃为铢字之省。五铢钱兴于汉，而魏晋六朝续有铸造，图寓有凤来仪、太平财到之义，甚含吉祥之期望也。

丙申秋杪　李德仁题

漢青龍白虎紋磚

汉青龙白虎砖

往者所见，正中皆西王母。此砖不类，可作特例。

庄磨　宁志刚

砖出四川邛崃。图正中端坐者似为金蟾，其左侧为东，有日升起，青龙驰出。其右侧为西，有白虎跃起。青为木之色，白为金之色。木东而金西。汉代五行之说颇兴，此砖亦见其意。

榆次　李德仁漫笔

汉天人戏凤画像砖

有汉一代，独尊儒术，神话盛行。汉画像砖尝见仙人题材，盖风尚使然。

辛丑春风　宁志刚

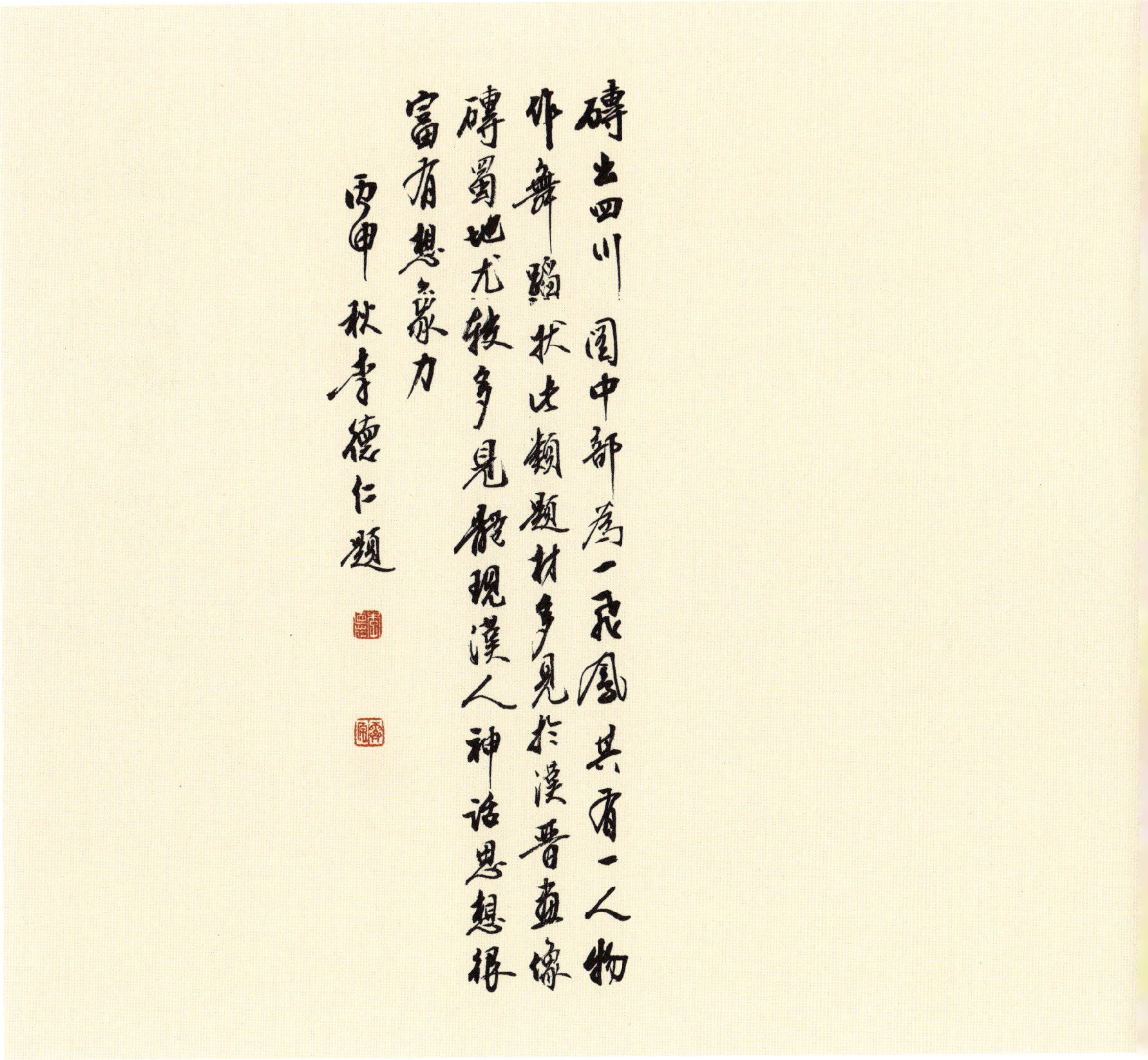

砖出四川。图中部为一飞凤。其有一人物作舞蹈状。此类题材多见于汉晋画像砖。蜀地尤较多见，体现汉人神话思想很富有想象力。

丙申秋　李德仁题

漢鞲鹰人物纹畫像磚

汉鞲鹰人物画像砖

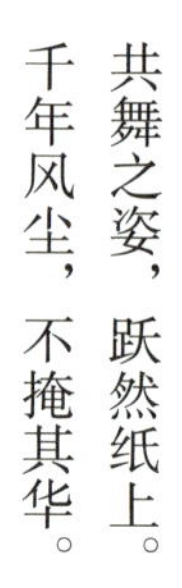

共舞之姿，跃然纸上。千年风尘，不掩其华。

辛丑三月　宁志刚

此砖出土于四川广汉。鞲乃革制袖套，用束衣袖，以便射箭时用，亦供架鹰之用。图中武士三人，作共舞之状，体现汉代宴乐表演时情形。此类题材在汉画像中较为多见。

丙申秋日　李德仁题

人物九尾狐狸纹画像砖

人物九尾狐狸画像砖

德至鸟兽，则狐九尾。语见孝经。西晋郭璞注山海经云：太平则出而为瑞。

辛丑初夏　宁志刚

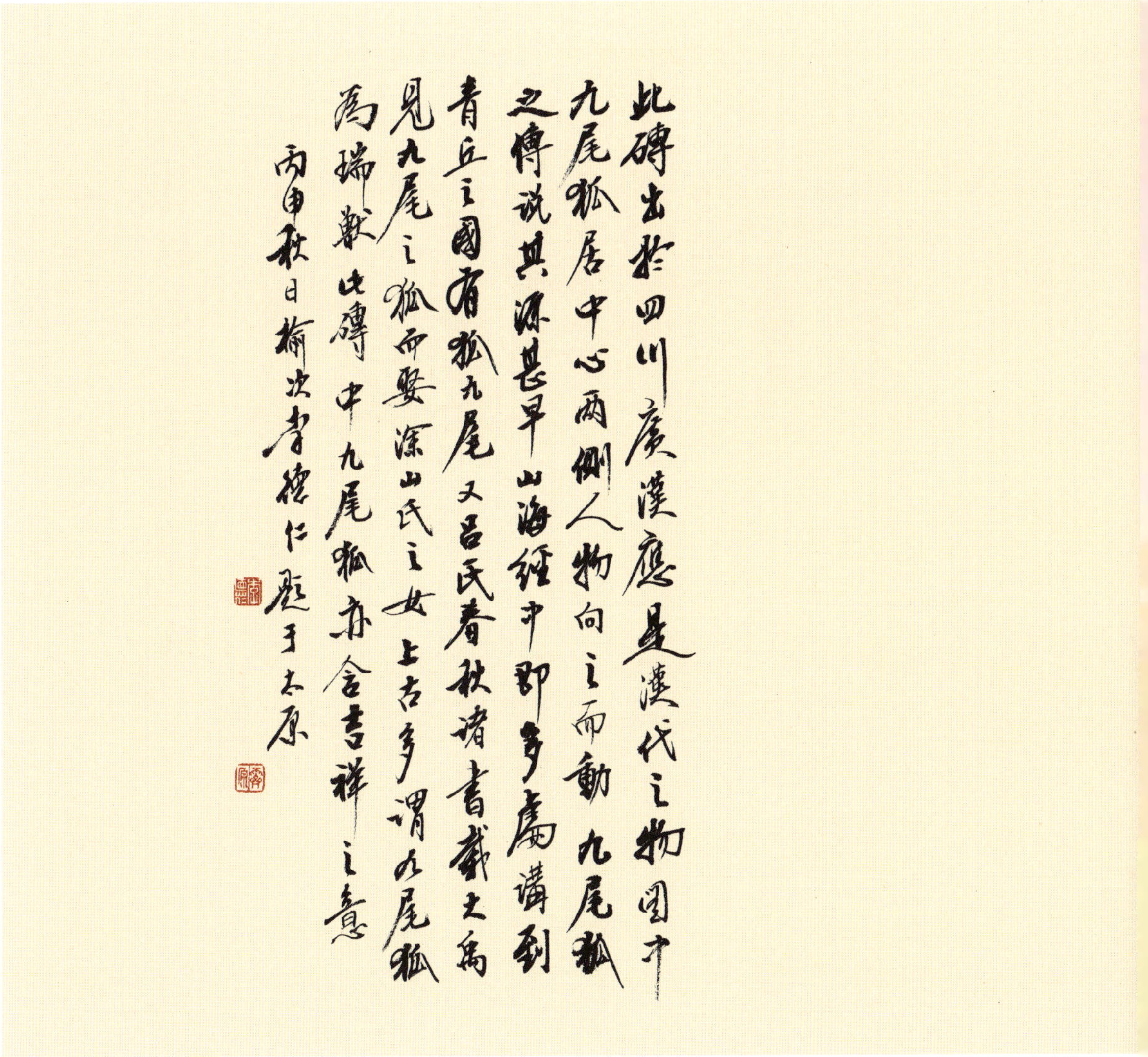

此砖出于四川广汉，应是汉代之物。图中九尾狐居中心，两侧人物向之而动。九尾狐之传说，其源甚早。山海经中即多处讲到：青丘之国，有狐九尾。又吕氏春秋诸书载：大禹见九尾之狐而娶涂山氏之女。上古多谓九尾狐为瑞兽，此砖中九尾狐亦含吉祥之意。

丙申秋日

榆次李德仁题于太原

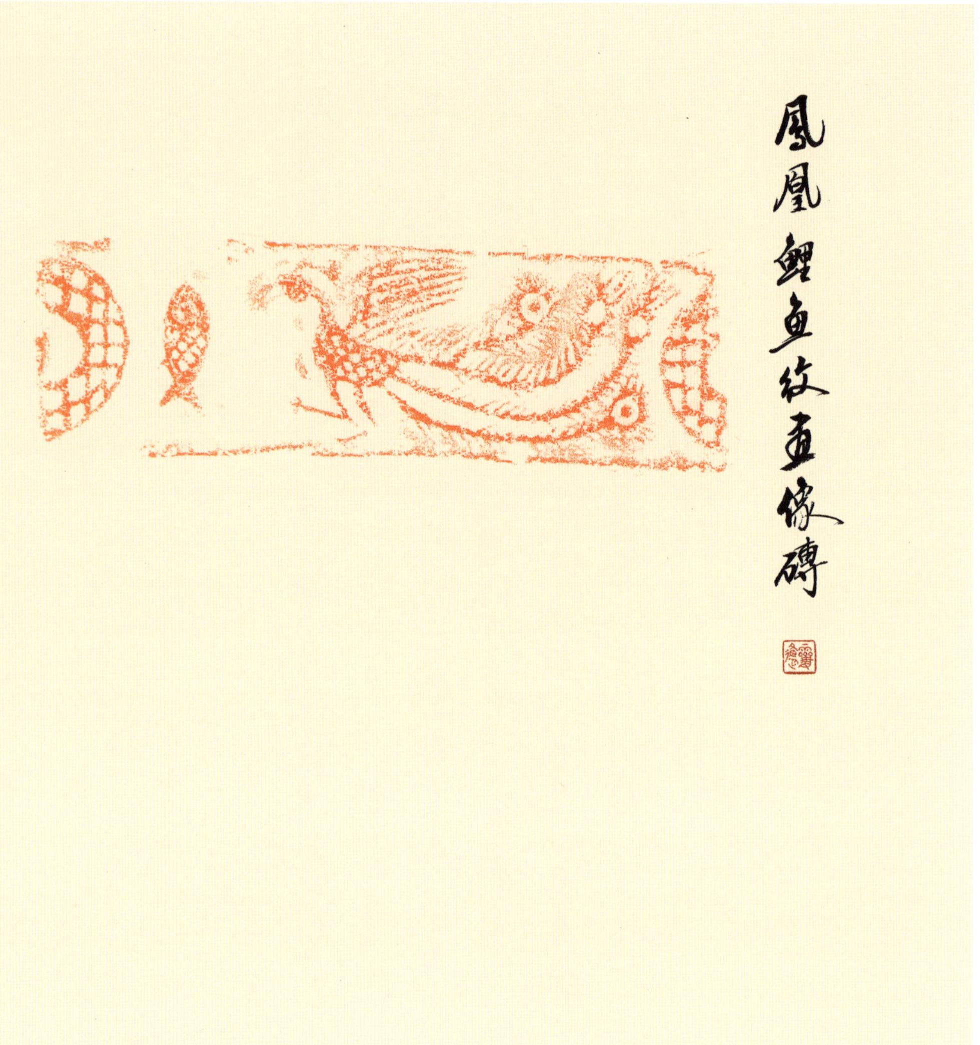

凤凰鲤鱼画像砖

凤寓吉祥，鱼取谐音。构图奇妙，颇见匠心。

辛丑仲夏　宁志刚

此砖左部为鱼，右部为凤。两侧为玉璧之半，两砖连续时即成完璧。凤象征安宁祥瑞，鲤鱼则寓意富裕，故可称之为吉祥有余图。此类题材在汉晋间多见，盖其时物也。此图造型朴茂生动，开花鸟虫鱼画之先导。

雾原李德仁题于
山西大学寓之存道堂

漢仙人博弈紋畫像磚

汉仙人博弈画像砖

仙人博弈，古称六博，汉画中殊为多见。六博起源于夏朝宫廷，春秋时遍及民间。南朝张正见神仙篇有：已见玉女笑投壶，复睹仙童欣六博。李白梁园吟有：连呼五白行六博，分曹赌酒酣驰晖。可见其时六博之盛行。

庄磨　宁志刚

此砖出土于四川广汉，与嘉树六博砖同出一地，而画面稍有不同。图中二仙人正作博弈之戏，身穿羽氅，右一人踞地捣药，应是侍者。汉人作画多浑朴之趣。盖其时崇尚黄老之学，故审美求索意探玄境，似非有意安排者，此趣汉代隶书同出一辙，事美术史研究者不可不知。

丙申秋杪

李德仁题于存道堂

西晋青龙砖

古语有云：天神之贵者，莫贵于青龙。青龙于郊，祥瑞之兆。

辛丑夏日　宁志刚

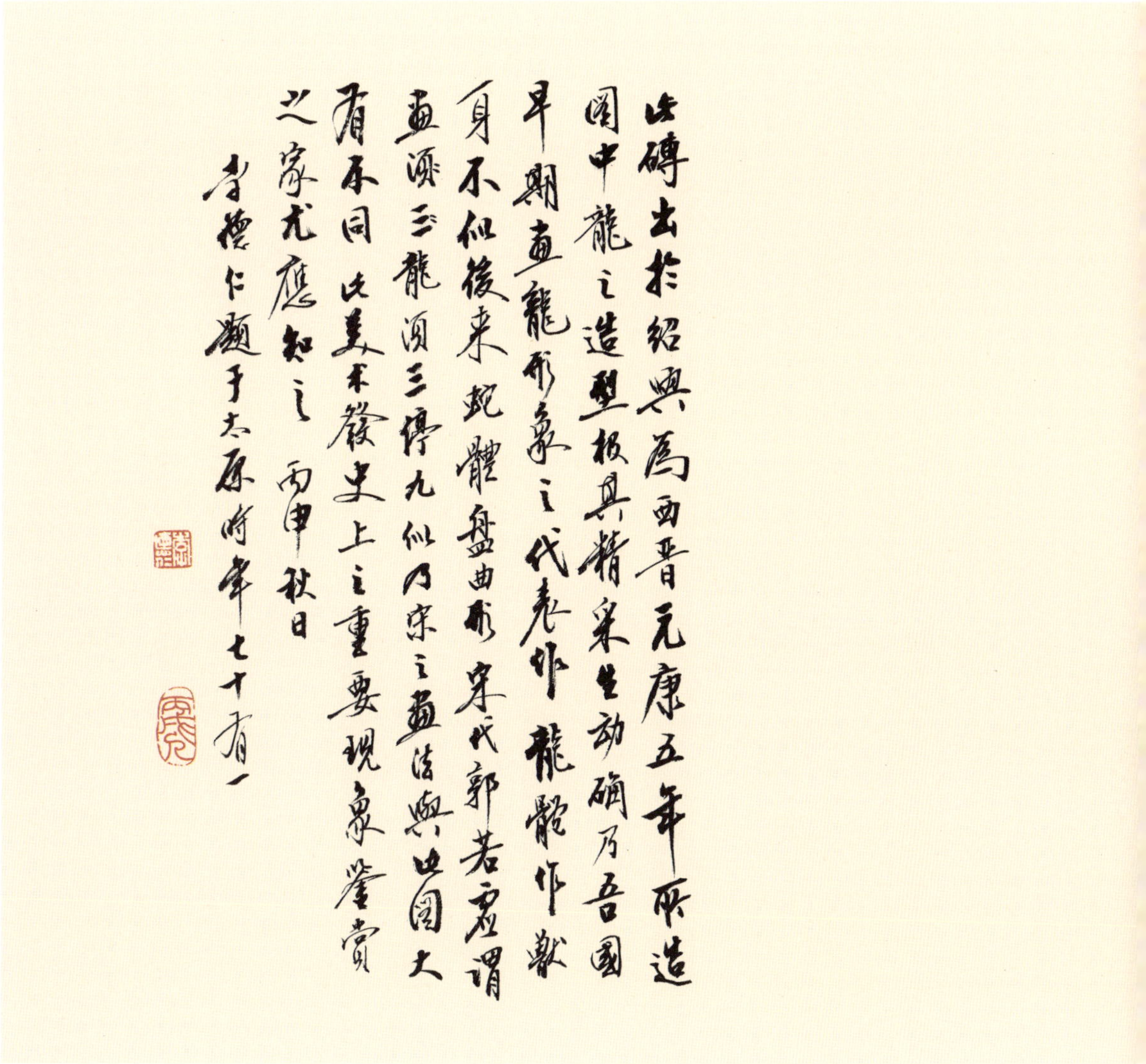

此砖出于绍兴，为西晋元康五年所造。图中龙之造型极其精采（彩）生动，确乃吾国早期画龙形象之代表作，龙体作兽身，不似后来蛇体盘曲形。宋代郭若虚谓画龙须三停九似，乃宋之画法，与此图大有不同。此美术发〔展〕史上之重要现象，鉴赏之家尤应知之。

丙申秋日李德仁题于
太原　时年七十有一

双凤衔璧图砖

瑞玉呈圆　祀以礼天。
双凤衔璧　见者吉祥。

庄磨　宁志刚

此砖当为汉代至魏晋间物，出于四川。图中双凤共衔一玉璧。汉许慎说文解字云：璧，瑞玉，圆也。周礼·大宗伯云：以苍璧礼天。可知璧为祭祀之重要礼器，是古人认为可通于天地神灵的吉祥之物。故此砖图纹，乃寓祈求太平吉祥之意。

丙申秋日观文涵斋所藏朱拓因题数语，用识先睹之快。李德仁

丹凤芝草画像砖

巴蜀汉画尝见灵芝。曹植《灵芝赋》云：灵芝生王地，朱草被洛滨，荣华相晃耀，光彩晔若神。雨后读之，意蕴深长。

辛丑夏 宁志刚

是砖出自四川梓潼。图像中部凤凰展开双翅作欲飞之状。其右下有灵芝数茎并生。关于灵芝，古代有很多美妙传说，称灵芝为瑞草、神仙上药，与凤凰同为吉祥之物。凤来生芝，其美好祈盼可知也。

李德仁题

鳳凰來儀圖紋畫像磚

凤凰来仪画像砖

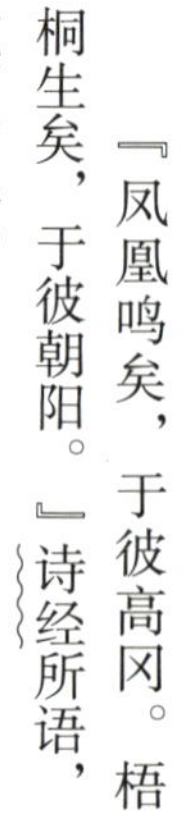

『凤凰鸣矣，于彼高冈。梧桐生矣，于彼朝阳。』诗经所语，或可相参。

辛丑小满　宁志刚

砖出四川梓潼。砖上纹样亦称双凤，然雄者称凤，雌者凰。此图所画应为雌雄二体，故应称凤凰。左右下角有圆形之卵，寓生生不穷之意。凤凰现，则天下治，四民安宁。图极简略，民间之作也。

雩原李德仁记

汉连理树人物画像砖

汉时连理枝寓意丰富，曰颂德，曰至孝，曰交谊。后世则喻爱情。

辛丑夏至　宁志刚

此砖出于四川梓潼。图中有树异根而体连，枝杈相分，是为连树，又称连理木。树左有二字，似为木连。其左右各有一人作跪拜状，其冠服似汉代之装。孝经援神契云：王者德至草木，则木连理，故此图有颂德之意。

霁原李德仁题于太原

丹鳳钱币纹画像磚

丹凤钱币画像砖

古语云：凤有六像。谓头像天，目像日，背像月，翼像风，足像地，尾像纬。此砖以凤并钱币入图，瑞寓其间。

辛丑仲夏　宁志刚

此磚出於四川巫山圖中丹鳳展翅尾下雙卵左下角有一錢幣外圓而內方為漢晉錢幣之形尚書益稷云簫韶九成鳳凰來儀意寓聖王之德治天下祥和錢幣則寓得財體現了民眾對太平富裕生活之向往

李德仁題

此砖出于四川巫山。图中丹凤展翅，尾下双卵。左下角有一钱币，外圆而内方，为汉晋钱币之形。尚书·益稷云：箫韶九成，凤凰来仪。意寓圣王之德治，天下祥和。钱币则寓得财，体现了民众对太平富裕生活之向往。

李德仁题

西晋丹凤纹画像砖

西晋丹凤画像砖

凤凰之记载最早见于尚书·益稷。湖南高庙文化遗址所出土沅水凤凰，为迄今最古老的凤凰图案。汉时凤凰形象广见于民间。与灵芝、九尾狐相类，皆被目为吉祥之兆。

辛丑夏日　宁志刚

此磚出於浙江圖中丹鳳展翅造形生動極有氣勢為畫像磚鳳紋造形之精品其上有元康紀年乃西晉惠帝司馬衷年號

歲丙申秋杪李德仁題

此砖出于浙江，图中丹凤展翅，造形生动，极有气势，为画像砖凤纹造形之精品。其上有元康纪年，乃西晋惠帝司马衷年号。

岁丙申秋杪　李德仁题

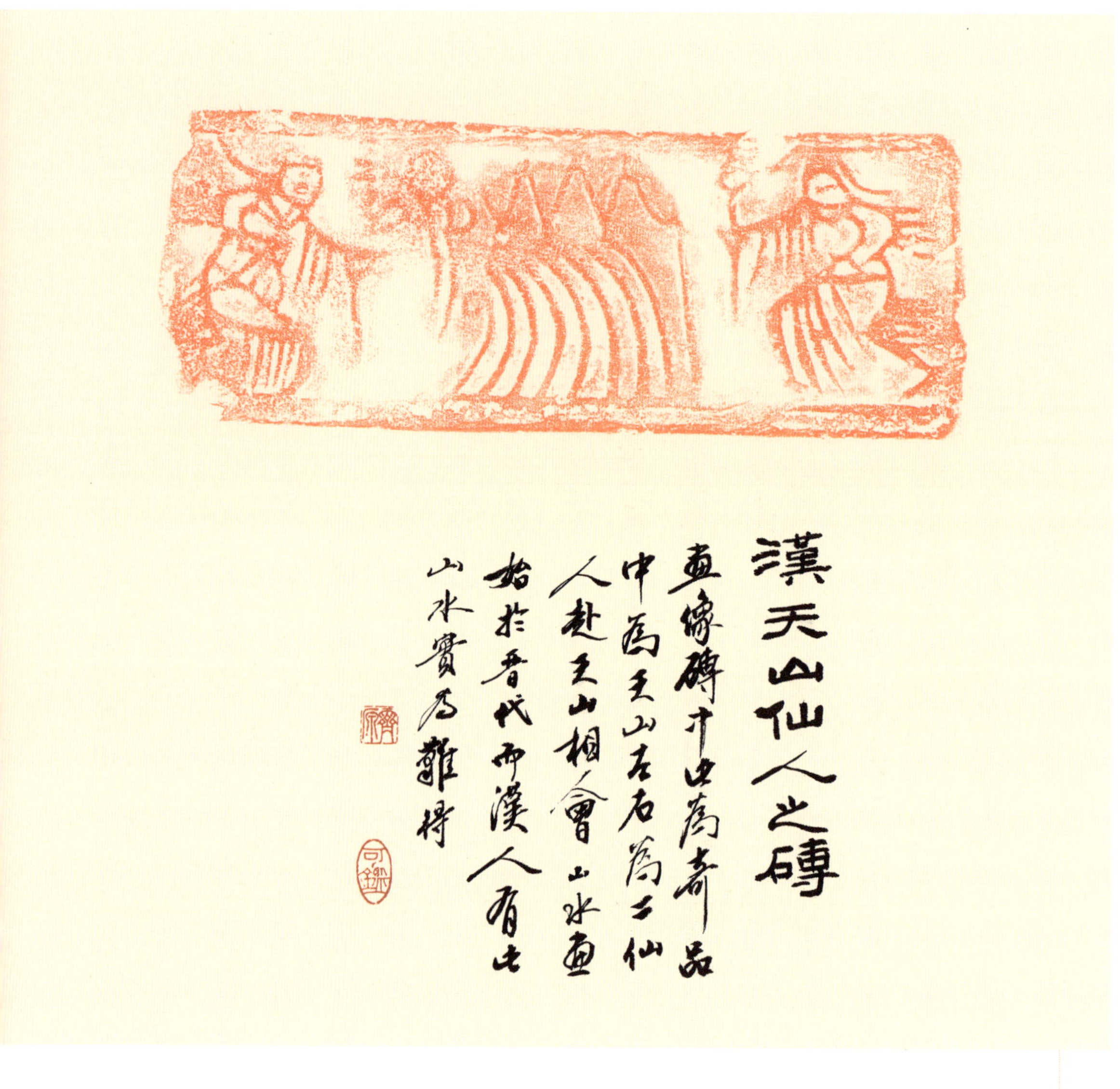

汉天山仙人砖

画像砖中，此为奇品。中为天山，左右为二仙人赴天山相会。构图洗练生动，颇属神思妙想。

庄磨　宁志刚

此砖出四川梓潼。画面甚为奇特。此类砖见载于中国巴蜀汉代画像砖大全一书中，图名天山仙人。完整之砖上有『天山』二字。天山在古代传说中是一神秘之地。传说周代穆王曾（乘）八骏之车西到天山，会见西王母。又谓西王母所居天山瑶池，每年举行蟠桃会宴请群仙。至今西游记小说中尚有此故事。此砖出现，正说〔明〕此类传说汉代即已盛行久矣。

雰原李德仁题

晋青龍白虎鳳銜錢币纹磚

西晋青龙白虎凤衔钱币砖

是砖四面有工，殊为罕见。且寓意甚佳，乃画像砖极品。

庄磨　宁志刚

青龙白虎于汉画中多见，而凤衔钱在汉画中亦偶见之。此晋砖将二者合而为一，实前所罕睹也。青龙白虎代表五行中的东、西，即木、金两方位，亦体现哲学义意（意义）上的生发与消敛。凤为祥瑞之征，亦含太平大治之意。钱则乃富裕之象征。故此砖含义丰富，创作者颇具匠心也。

岁丁酉新正

李德仁细省并记

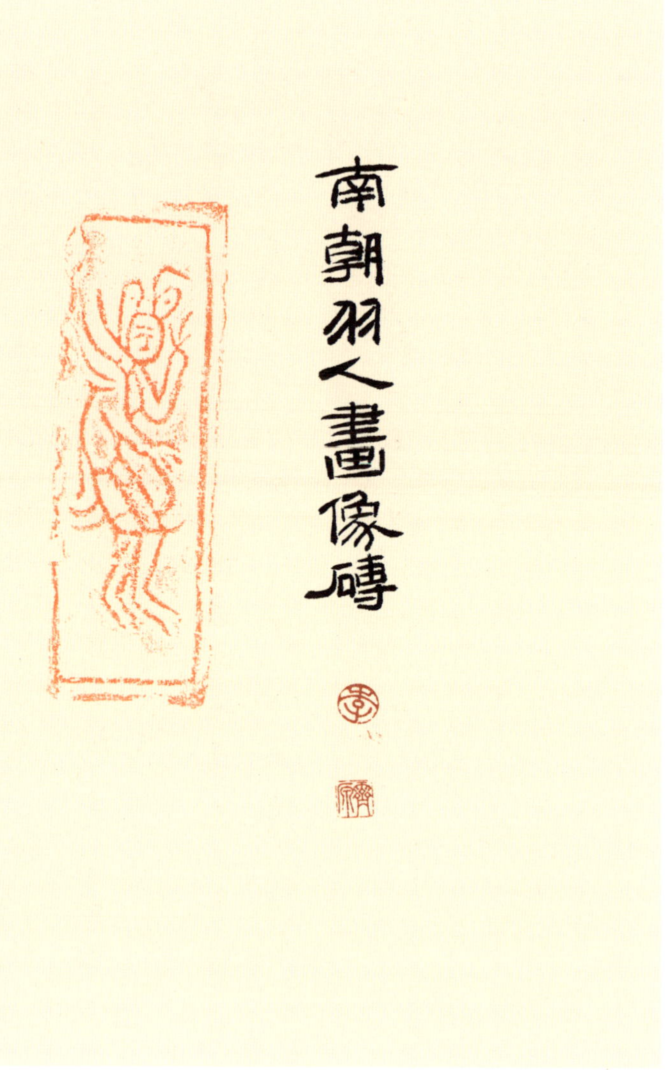

南朝羽人画像砖

羽人，古之飞仙也。最早见于山海经，身有双翼可飞，寓不死之义，羽化登仙，亦其谓也。

辛丑芒种　宁志刚

此砖出于浙江。图中人物肩生羽翼，应为神话传说中所谓飞仙之类。楚辞·远游云：仍羽人于丹丘兮，留不死之旧乡。论衡·道虚篇云：好道学仙，中生毛羽，终以飞升。羽人之说其源甚久。先秦两汉亦有青铜羽人出土，为博物馆收藏。其形双耳硕大上耸，状如双髻，与此图头部造形相似。图中形象简洁生动，体态轻盈羸（盈），是南朝典型特征。

榆次霁原李德仁
于存道堂

南朝侍衛人物磚

南朝侍卫人物画像砖

南朝画像砖素负盛名，尤以人物为最，是砖人物形象逼真，堪称珍品。

辛丑夏　宁志刚

此画像砖为南朝之物。图中人物正面挺立，双手执杵，其上端圆形，唐宋人称此种兵器为骨朵，一般为高级侍卫者所专用。此图人物简练生动，线条高古，状如琴弦，为研究南朝人物之珍贵资料。

李德仁观识

南朝贵族夫人画像砖

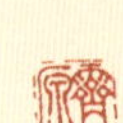

南朝贵族夫人画像砖

吾国人物画产生于先秦，发展于汉，蔚然可观于魏晋南北朝。此砖亦为佐证矣。

辛丑立夏　宁志刚

此砖图像画一妇女，作立式行进状。双手简袖，长裙飘摆，面容丰满。头梳高髻，发上插满笄钗，是为当时贵族妇女形象。作为魏晋南北朝实物资料，诚属难得。

李德仁题

在敦煌壁画中亦可看到类似的服装头饰。

霁原又记

南朝菩薩脇侍紋畫像磚

此類畫像磚應為數枚一組中間為大菩薩此為右側之一枚

南朝菩萨胁侍画像砖

此类画像砖应为数枚一组，中间为大菩萨。此为右侧之一枚。李德仁先生所言甚为允当。

辛丑夏　宁志刚

南北朝時期佛教盛行此磚體現佛教内容
磚出襄陽圖中女像長裙博袖手捧奩盒
因立於蓮花台上所以並非供養人像當為
大菩薩之脅侍或弟子此圖造形秀美生動
精緻傳神乃當時畫像磚之珍貴實物
李德仁題於存道堂

南北朝时期佛教盛行，此砖体现佛教内容，砖出襄阳。图中女像长裙博袖，手捧奁盒。因立于莲花台上，所以并非供养人像，当为大菩萨之胁侍或弟子。此图造形秀美生动，精致传神，乃当时画像砖之珍贵实物。

李德仁题于存道堂

南朝羽人畫像磚

南朝羽人画像砖

南朝羽人形象与汉代异同，此砖略可见也。李德仁先生所跋，甚具其详。

辛丑小暑　宁志刚

此砖图中作人物站立，双肩生羽，双耳高耸过头，是传统羽人造型特征。唯人物服饰宽博，体形较瘦，却是南朝特征，与汉代不同。南朝、东晋、宋、齐以来，人物山水花鸟走兽画法皆有发展，人物造形不及汉代之肥壮。所谓秀骨清像，于此砖略可概见其风。

霁原李德仁细赏因题

南朝束冠高士画像砖

褒衣博带，风流相仿。魏晋风度，可窥一斑。

辛丑仲夏　宁志刚

魏晋时代玄学盛行，文人清谈，意尚玄虚，影响服饰。晋书·五行志云：晋末皆冠小而衣裳博大，风流相仿，舆台成俗，此风沿及南朝。颜氏家训云：梁士大夫都好尚褒衣博带，大冠高履。此图中人物衣服宽博，头戴帻游冠，其冠横插一簪，图虽简略，而意态风流，依然可见。

榆次李德仁识于并门

人面魚紋圖畫像磚

南朝人面鱼纹画像砖

人面鱼身砖至为罕见。李德仁先生释此砖人面应为大禹，堪属新见，殊可允矣。

辛丑仲夏雨后　宁志刚

南朝鱼纹砖在嵊县一带较多见，而人面者则罕睹。早在新石器时代的彩陶中，即已看到有人面与鱼纹的结合，具体含义尚难确考。此图上部人面头戴冕冠，其冠上有綖，亦称冕板，伸出大耳垂须，是为帝王形象。中下部画一大鱼，此人面应是大禹，乃治水圣人，继舜为帝。传说死后葬于绍兴之会稽山下。禹之父名鲧，其家族以鱼为图腾，且禹鱼二字同音，其间亦应有联系。

霁原李德仁题

南朝高僧圖畫像磚

南朝高僧画像砖

南朝四百八十寺，多少楼台烟雨中。南北朝佛教盛行，僧人画像即其产物也。

辛丑季夏　宁志刚

此砖图像画僧人形象，短衣长裤，削发秃顶，是典型的佛教僧人模样。南北朝时期佛教盛行，佛菩萨及供养人形象较为多见，而佛教僧人形象则所见不多，是以珍贵。〔是〕图服装，观者尤须注意，僧衣左衽似与汉地服饰不同。其实这是制砖模脱所至（致），原砖模上右衽脱出之砖，左右相反。每见当时砖文亦有反文者，也是模拓所至（致），此需辨之。

霁原李德仁存道堂题

六朝拄杖侍者砖

李德仁先生所跋甚当，余不复赘言矣。

辛丑季夏　宁志刚

六朝指金陵一带所建之六个朝代即东吴、东晋和宋、齐、梁、陈。此砖上画侍者正面站立形象。长袍宽博，双手拄杖，应为兵器，抑或为带鞘之长剑。侍者左右有忍冬纹，此砖制作颇精，甚具美术史研究价值。

榆次李德仁题于太原

吾国美术历史悠久，唯其久远，故传世真迹颇少。六朝以前，书画世所罕观。所幸近年古砖发现多有画像文字者，正可弥补美术史缺失。若此砖者，人物形神，衣冠时制，俱合典型，非寻常匠人所能为也。画史研究同道可忽之乎？

德仁又识

晋符篆图形砖

龙纹尝见于汉画，与令字相应，自有其意，殊属佳构。

庄磨　宁志刚

此磚圖紋其上部乃令字由模脱磚而成反文其下似一龍形側身頭向上而昂首四爪一尾又似文字變形組合是爲道教符籙圖形道教起源於東漢魏晉南北朝盛興其符籙派在江南較多流行認爲畫符可驅使鬼神禳災除邪治病延福此爲早期一種

李德仁存道堂觀記

此砖图纹其上部乃『令』字，由模脱砖而成反文。其下似一龙形，侧身头向上而昂首，四爪一尾，又似文字变形组合。是为道教符箓图形。道教起源于东汉，魏晋南北朝盛兴。其符箓派在江南较多流行，认为画符可驱使鬼神，禳灾除邪，治病延福。此为早期一种。

李德仁存道堂观记

晋束冠人像画像砖

晋束冠人画像砖

魏晋南北朝时期，人物画巨匠辈出。唐张怀瓘评：象人之美，张（僧繇）得其肉，陆（探微）得其骨，顾（恺之）得其神。流风所及，晋砖人物画像不乏上品，是砖即可宝也。

辛丑暑中　宁志刚

砖出浙江，画一人像。圆面垂襟，头束发戴一小冠，以一簪横贯。晋书·五行志云：晋末皆冠小而衣裳博大，此图正合其风。

霁原李德仁识于太原

晋高冠团领人物画像砖

细观是拓，秀骨清像，晋砖所尝见也。

辛丑暑中　宁志刚

此砖图像人物圆面团领垂襟，头着高冠，以一簪横贯，亦晋代另一种装束。晋葛洪抱朴子·讥惑篇云：丧乱以来，事物屡变，冠衣服履，袖袂财（材）制，日月改易，无复一定，乍长乍短，一广一狭，忽高忽卑，或粗或细，所饰无常，以同为快，其好事者，朝夕放（仿）效，所谓京辇贵大眉，远方俱半额也。至于团领之服，隋唐多见而六朝已有此矣。

李德仁识于太原

六朝钱币人形纹砖

六朝钱币人形砖

西晋鲁褒钱神论云：钱之为体，有乾坤之象。内则其方，外则其圆。是图即此。

辛丑暑中　宁志刚

此砖出自（浙）江余姚。人物面部双眉弓，与鼻梁相连，应是受佛教造像之影响。故知为南朝之物。人物中部作钱币形，构图奇异，当有一定含意（义），或谓压胜辟邪或谓祈财求福，应不离二者。

『压胜』常写作『厌胜』，『厌』读『压』声，二字可通用。

李德仁题

晋人面钱币砖

砖刻钱纹图饰发轫王莽新朝，盛行于魏晋南北朝。钱纹与人面组合砖甚稀见，当自有其寓意。

辛丑三伏　宁志刚

此砖中上部作人面纹，下作几何纹，上下各有一钱币纹。推想此人面应是钱神，亦犹后之所谓财神也。钱神之说，晋时有之。

李德仁识

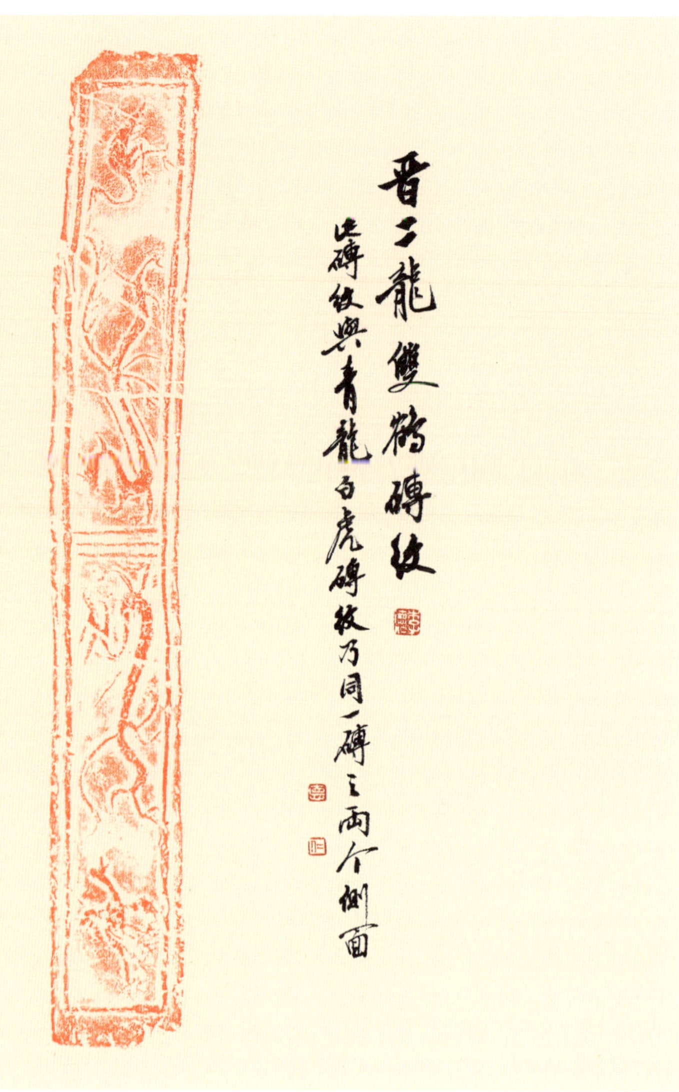

晋二龙双鹤砖

此画像与青龙白虎砖纹乃同一砖之两侧面。往出嵊州砖稀见。

辛丑三伏　宁志刚

此砖纹左右二龙相对，基本对称。两边二鹤亦头（居）中部。砖之中部有三条竖线相隔，故此砖纹可视为各别的两图。尽管如此，二图间仍存在相互统一的关系。此砖纹龙之造形极为生动有神，确为魏晋画龙之精品。

霁原李德仁

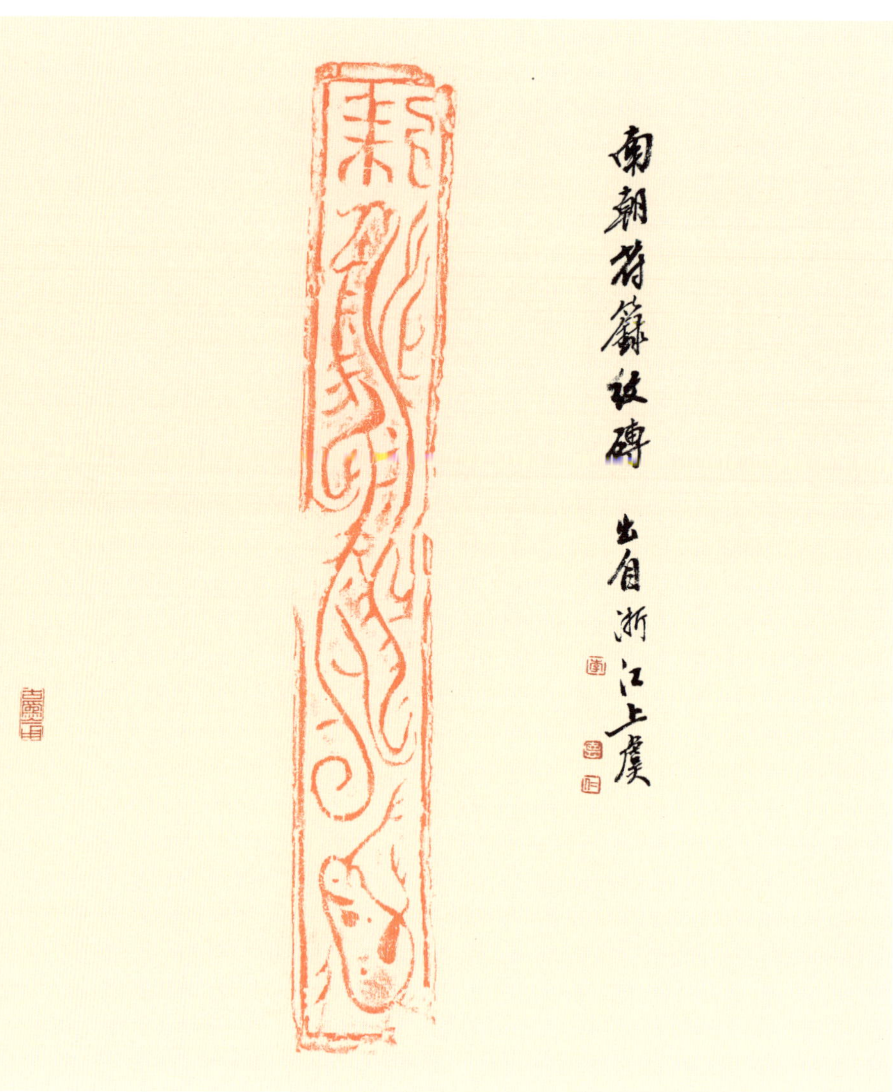

南朝符箓砖

砖出浙江上虞。李德仁先生释砖顶端篆书为勅字。先生治学广博，翠岩山房所藏砖拓，悉由先生题跋，何其幸也。

辛丑初秋　宁志刚

此六朝砖也。图纹与令字龙形纹砖当同类。此砖上部一字应为勅字，乃工匠所刻，故字形不够准确。道教符箓上端多有勅令二字，此二砖则或单刻令字或单刻勅字，皆制砖工匠所作。其画龙亦颇稚拙，乃民间美术之造形。此砖龙后有一蟾蜍，亦有拙趣。古时制砖工匠多不识字，固（故）字形每出差错。

丁酉新春　李德仁题

君宜官三公塼

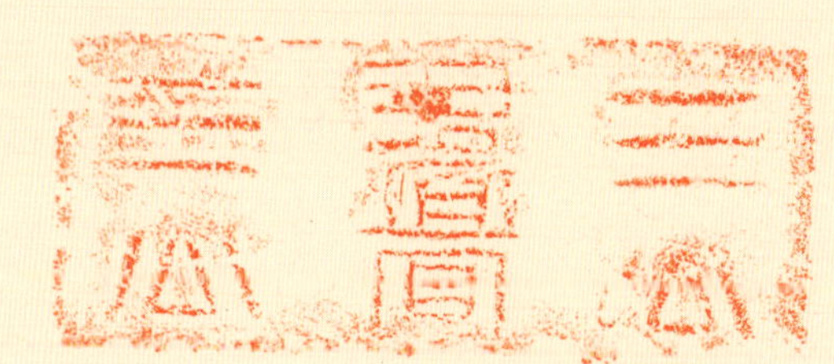

君宜官三公砖

汉晋古砖向以画像砖、吉语砖、纪年砖分类。是砖即典型吉语砖也。

辛丑初秋　宁志刚

砖出江西黎川。共有七字，中为『君宜官』三字，左右各有『三公』二字。其字体在篆隶之间，古朴自然，不求华媚，犹见魏晋遗意。秦统一六国，政体设三公九卿。三公位在皇帝之下，为百官之首，以丞相管理行政，太尉主管军队，御史大夫主管监察，三权分立。汉承秦制，六朝因之。

岁丁酉新正玩赏题　德仁

右虎左龙富贵未央砖

秦砖汉瓦，所见吉语，大多类此。

辛丑秋日　宁志刚

此砖出自浙江，应为晋代之物。上有隶书八字：『右虎左龙富贵未英』。其『英』字乃『央』字之误，盖制砖工匠识字不多，将『央』字误刻为『英』。这种写错字别字之情况，在砖中较多见，魏晋虽已有楷书，但传统隶书仍然多见，尤其在碑刻等严肃之作，仍用隶书。刻砖乃刻碑之延伸，故而多仿碑字耳。

霁原李德仁题

漢宜子孫反文磚

汉宜子孙砖

东汉许慎说文解字曰：『子之子为孙，从子从系，续也。』此砖隶书反写，乃江右砖铭出类拔萃者。

辛丑秋夜　宁志刚

此砖出江西宜春。有隶书反文『宜子孙』三字。砖文及画像砖之制作，皆先刻于砖模之上，再以和好的软泥填入模中，硾（捶）压而成，砖型、图像、文字皆印于砖上，且与模上图像文字左右相反，然后火烧成砖。此『宜子孙』三字模上文字原正，故制成后变为反文。若砖文是正文者，则模上文字原必刻为反文。此与图章印文道理相同。

岁丁酉新正有暇案头闲赏随记

德仁

汉金室篆文砖

唐王绩游北山赋有游八洞之金室，坐三清之玉宫句。周礼考工记·匠人云：夏后氏世室。故金室亦指夏代宗庙西南之室，后泛指宫室华美。

庄磨　宁志刚

此砖出于四川广汉，有篆书『金室』二字。原砖模上『室』字在左，『金』字在右。脱制成砖则左右位置互换。金室意如金屋。汉武帝金屋藏娇故事世人熟知。晋挚虞曾作思游赋云：『讯硕老于金室兮，采旧闻于前修』。盖金室未必黄金所制，乃华美之宫室也。

霁原李德仁于山西大学寓

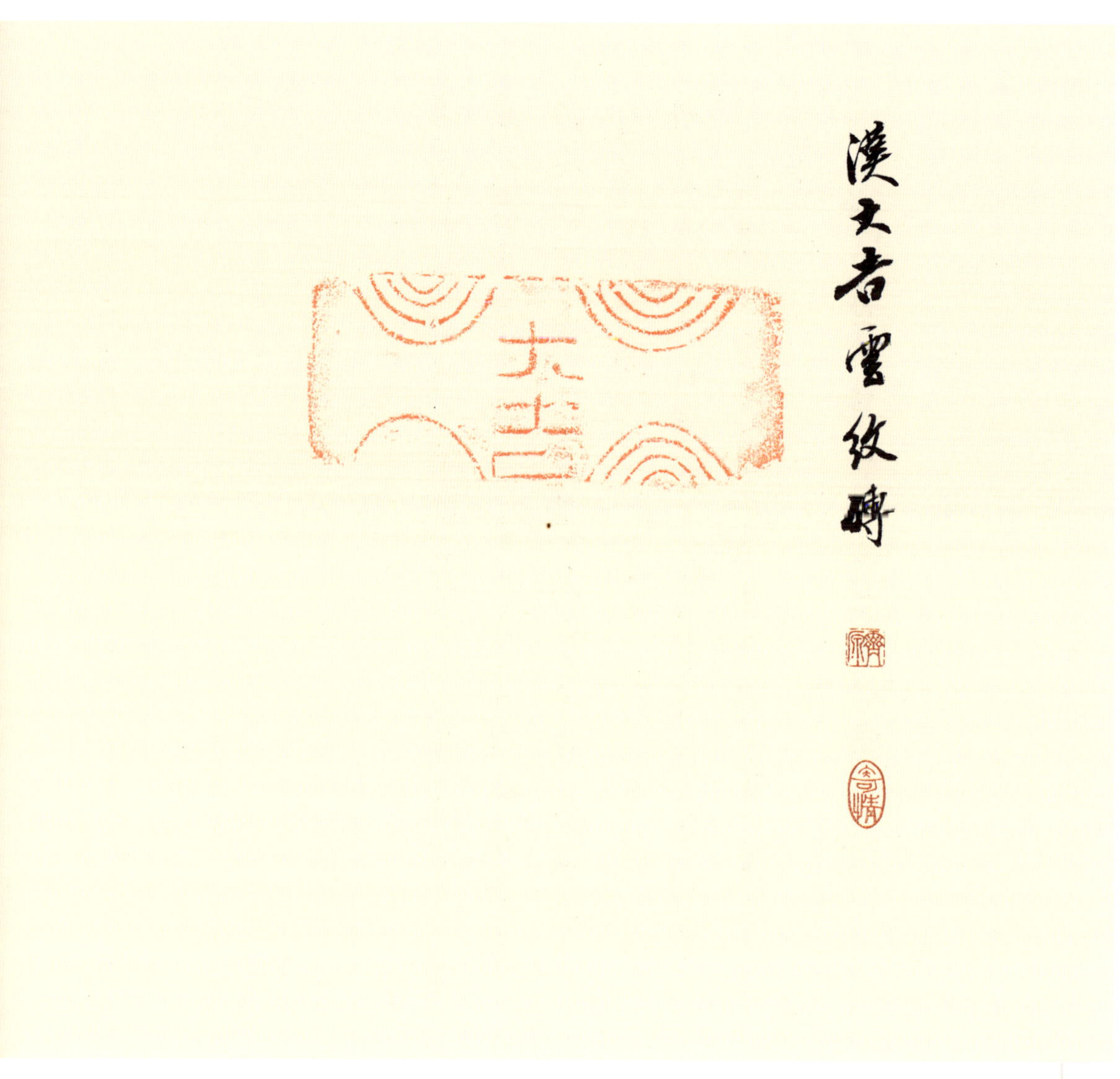

汉大吉云纹砖

荀子·议兵云：慎终如始，终始如一，夫是之谓大吉。大吉之意原在慎终。

辛丑初秋午后　宁志刚

砖出江西黎川，有隶书『大吉』二字。其上下各有二云纹。此纹饰在古青铜器、玉器上较多见。作线条多层环绕，圆者为云纹，方者称雷纹。此砖云纹四出，有天上之意。中间出现『大吉』二字，即表天意大吉之义。

李德仁题

钱日至

漢錢日至吉語磚

汉钱日至吉语砖

吉语砖中此内容尚属首见。设想工匠午后柳荫下刻『钱日至』三字，其神态当何其乐也。

辛丑初秋　宁志刚

此砖出于河南，上有『钱日至』三字，似篆似隶，古朴自然，颇有天趣，乃当时工匠所刻模字。汉人尚黄老之学，道家哲学流行，世风崇尚古朴，不重华巧。其民间审美趋向于此砖可见一斑。

霁原李德仁题于存道堂

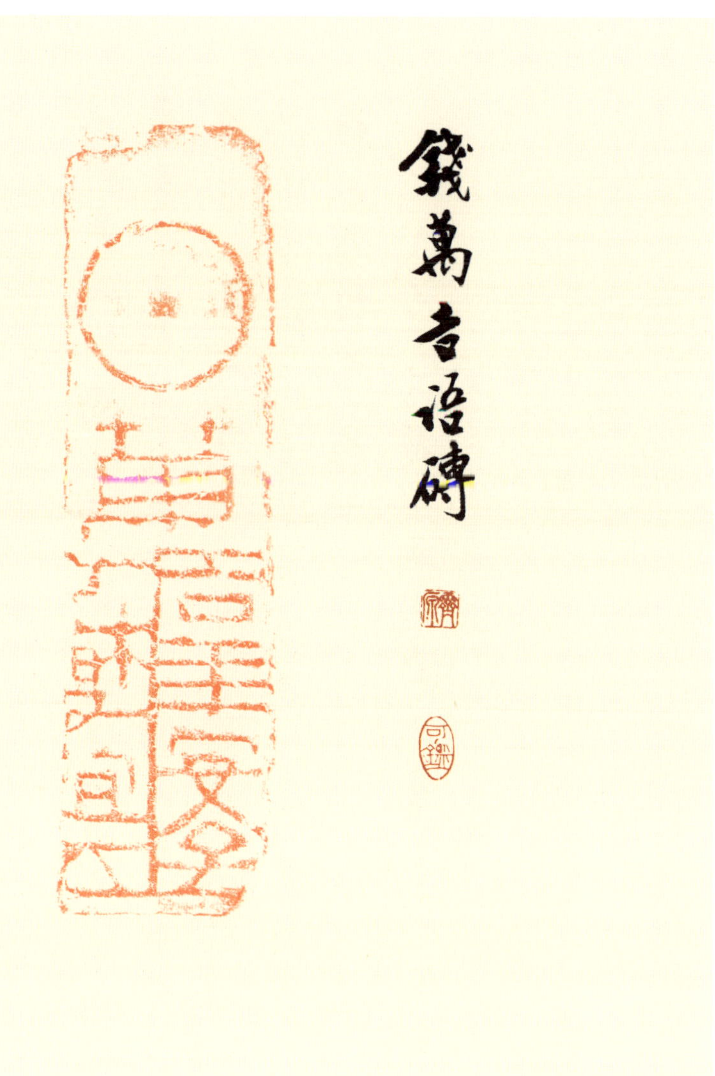

钱万吉语砖

篆隶之间颇含意趣，学书者可用心参之。

庄磨　宁志刚

磚出江西南豐其上部為錢幣中部為萬字其下部文字兩行每行四字右一行為吉羊安子左一行尚不確定蓋皆吉祥語也此磚文字如篆如隸結構布白頗具意匠與漢印相較有異曲同工之妙

李德仁識

砖出江西南丰。其上部为钱币，中部为『万』字。其下部文字两行，每行四字。右一行为『吉羊安子』。左一行尚不确定。盖皆吉祥语也。此砖文字如篆如隶，结构布白颇具意匠。与汉印相较，有异曲同工之妙。

李德仁识

大吉羊金玉堂磚

大吉羊金玉堂砖

说文载：羊，祥也，像头角足尾之形。是砖书体与寓意俱佳，乃汉晋吉语砖翘楚。

辛丑初秋　宁志刚

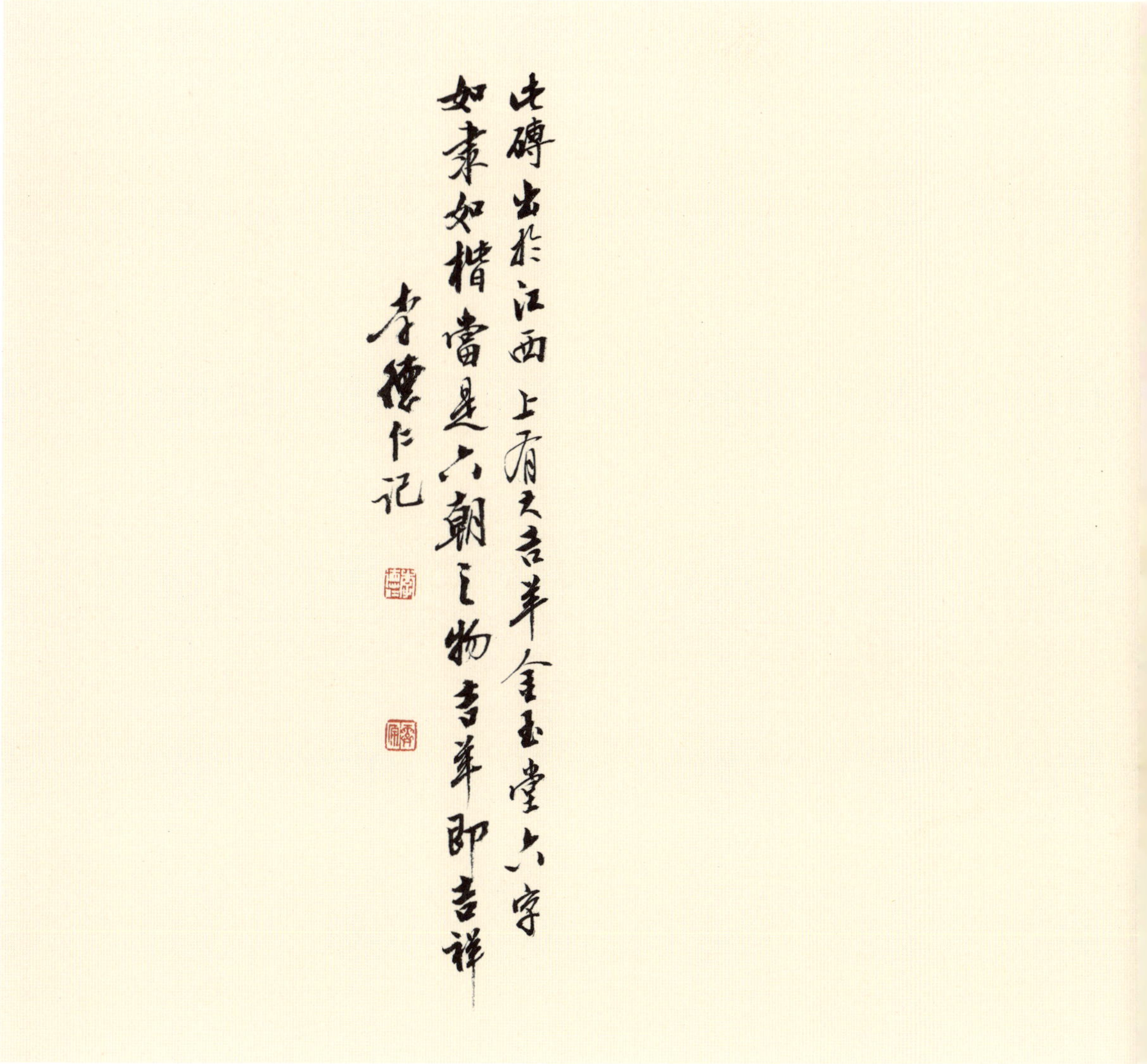

此砖出于江西。上有『大吉羊金玉堂』六字。如隶如楷，当是六朝之物。吉羊即吉祥。

李德仁记

漢吉祥文字磚

汉吉祥文字砖

余所藏砖拓，唯此难以释读。识者教之。

辛丑秋　宁志刚

此砖内容目前尚未详，因砖文部分笔画缺损，难以辨识。姑且存之，以待博雅君子释读。

霁原

亦可称中平四年砖

汉图形文字砖

张崇宁乃著名古文字学家张颔先生之子。其所释可作一解。余曾有幸请益张颔先生门下，亲闻謦欬。丙申岁尾先生西归道山，倏忽已数载。每一念及，怆然久之。

辛丑秋夜灯下　宁志刚

磚出江西上有四個圓形文字尚待辨識

壬申初冬 德仁初閱

此砖文数月来反复观之，余以为第一、第四分别为『中』字、『年』字。张崇宁师弟释第二、第三为『平』字、『四』字，第四字亦释为『年』。遂释之为『中平四年』。未见原砖，难鉴真伪，暂定如此。中平四年乃东汉灵帝之第四年号，即公元一八七年也。

岁丁酉仲春二月中浣十七日灯下

李德仁记之

致君洁輪磚 磚出江西頗罕見

汉致君砖

致君谓辅佐国君使其成为圣明之主。墨子·亲士云：『良才难令，然可以致君见尊』。杜甫有诗：致君尧舜上，再使风俗淳。盖上起战国，经秦历汉至唐以降，致君辞意一脉相承，略无以异。

辛丑初秋　宁志刚

此砖上下有『致君』二字，似篆似隶，古拙多趣。中部画一轮，应为佛教之法轮。佛教于南北朝大盛，此砖既出江西，故为南朝之物。在古佛教建筑和雕刻中较多见法轮，而古砖中极少见。法轮已成佛教之教徽。轮有八辐，代表八正道，此砖图形辐数正好亦是八辐，非偶然也。

李德仁题于存道堂

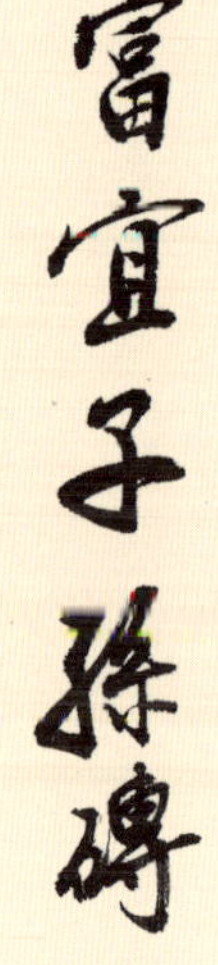

大富宜子孙砖

是砖形制为江右古砖另类也。似出闾里工匠之手。

辛丑初秋　宁志刚

砖出江西，上有『大富宜子孙』五字。书体在篆隶之间。亦吉语砖也。

德仁题

此砖文边框上部竖长，下部宽出，如神祖之形，『祖』字原写作『且』形，似为祖神之牌位。故此砖文形制含有祈求祖上保佑子孙后代之意。

霁原

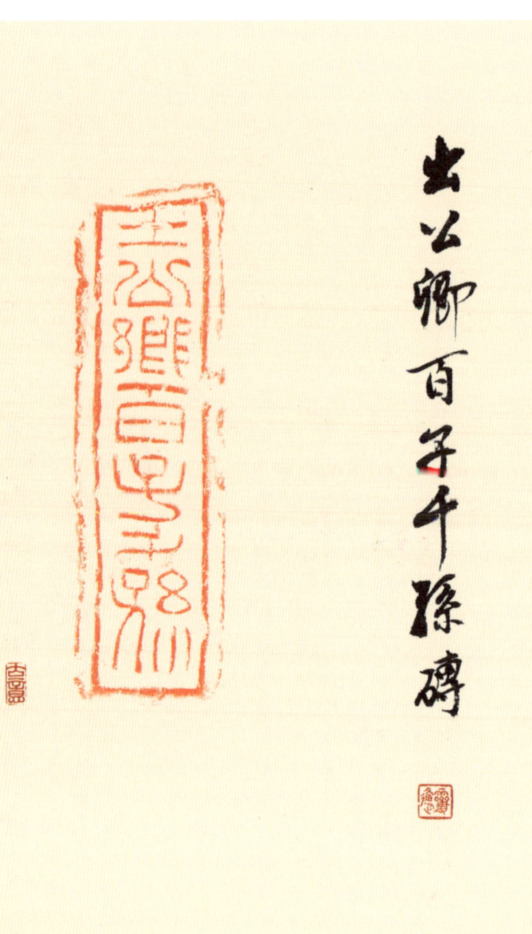

出公卿百子千孙砖

是砖乃近世所出珍品。曾见丛文俊先生有跋曰：据此砖铭辞意，主人已是富贵之家。惟其家境尚未显赫，故有此祈祝也。窃以为所言甚是。

辛丑仲秋　宁志刚

砖出浙江。上有七字篆书，第一字或以为『士』字。第三字或以为『乡』字。综而论之，此七字应为出公卿百子千孙，乃吉语砖也。此字形与汉晋篆印相近，应为同时代之物。此砖文字古朴生动，自然流美，故为学者所重，世亦罕见。

榆次李德仁题于存道堂

晋刘龙定砖

此砖书法近北魏时期洛阳体，该书体盖指斜画紧结的北魏书风，因主要产生于洛阳，故学界称之为洛阳体。是砖藏者亦退厂主人称此砖罕见，历五年方购得此枚。

辛丑仲秋　宁志刚

此砖出自浙江，上有『刘龙定立』四字。书风近楷，尚存隶意，正合魏晋书体风范。笔法挺秀而存刀刻意味，盖砖模之字乃刀刻而成且须刻成反文。观此砖文规整而自然悠（优）雅，知其作者颇具功力。

丁酉新正　李德仁

汉宜官秩篆文砖

官秩为秦汉时期官的等级，以石数区分。

辛丑仲秋　宁志刚

是砖近年出江西。同出土之砖上有永元十二年纪年文字。考永元年号有三：其一为南齐东昏侯萧宝卷年号，仅有三年。其二为十六国前凉张茂年号，共有四年，且政不及江西。唯东汉和帝年号共十七年，是可相符。此砖文字多个。唯中上部『宜官秩』篆文三字清晰可识。其余残损难辨，盖亦吉语砖也。篆文挺秀自然，颇有天趣，诚汉篆之上品，可宝也。

案头玩味久之因记　李德仁

漢郭左前作騎車相胡工丞

汉郭左前作骑车相胡工丞砖

是砖出处不详，亦退厂所藏古砖百种，唯对此记载甚略。

辛丑仲秋　宁志刚

此汉砖也。有铭款十字曰『郭左前作骑车相胡工丞』。隶书朴茂古拙。风格近汉碑中的张迁碑和祀三公山碑。虽为隶书而略带篆意，当为东汉时物。观此砖文似无华巧支离，而无意安排，实乃大巧若拙。安排归真不见安排，当今学书学印者正须鉴借。惜古砖微残，字迹不完（易）辨释，略有争议，然不失为精品也。

霁原李德仁题

漢億載文字磚

汉亿载文字砖

清仪阁所藏古器物文录富贵亿载一枚，砖出武康山中。即今湖州一带。是砖类之。『亿载』二字含永久之意。

辛丑秋日　宁志刚

此砖出浙江湖州一带。湖州自古人杰地灵，历代名家辈出。昔吴昌硕早年即帮助陆心源整理千甓亭古砖图释。其刻印亦取法汉砖及封泥。汉砖文字对后世之影响甚巨，此砖文字形拙朴，极饶古意，观者省之。

榆次李德仁以发毫题

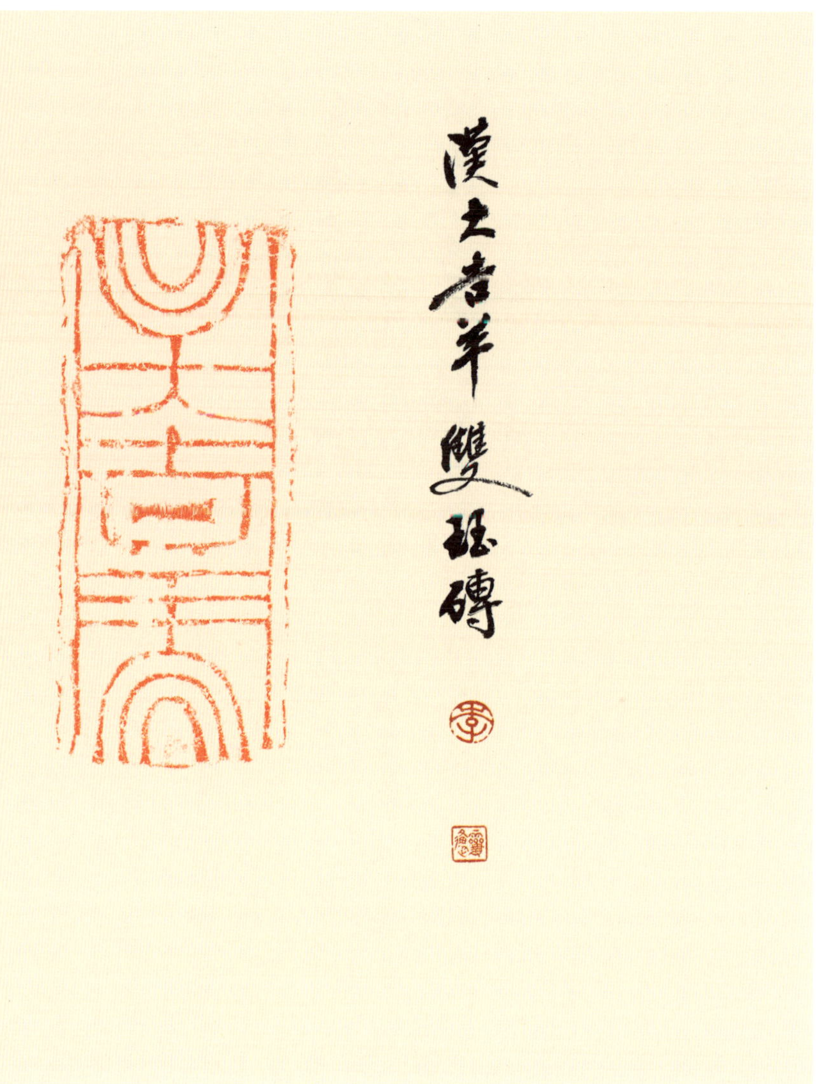

汉大吉羊双玉砖

是砖与大吉云纹砖图饰相近，寓意亦相类。

庄磨　宁志刚

此砖出于江西黎川，其上下各有半璧，即玉珏形。此种砖上下联续，珏纹对合即成完璧之形。砖中部有『大吉羊』三字，如篆如隶，颇似汉印文字，世称缪篆。新莽时代规定为六书之一。砖文『羊』即『祥』之代用字。先秦两汉青铜器上每有羊之形象，即吉祥之意也。

李德仁题

秩至二千石吉語磚

秩至二千石吉语砖

秩至二千石，或为实际官禄，或为一种愿望。

辛丑仲秋　宁志刚

砖出江西南丰。上有『秩至二千石』五字，秩指官职。春秋左氏传文六云：委之常秩。注云：常秩，官司之常职。又指官职之奉（俸）禄。周礼·天官·宫伯云：行其秩叙。注云：秩，禄禀也。说文云：禀，赐谷也。盖古代官员的奉（俸）禄，多是发给米谷。二千石即禄禀的数量。石为量词，十升为一斗，十斗为一石。汉代一石为一斛。汉代二千石官职，每月米谷实发一百二十斛。当时三公号称万石，每月米谷实为三百五十斛。汉书·循吏传云：其唯良二千石乎。颜师古注云：谓郡守诸侯相，所以二千石，亦是郡守和诸侯国相的代称。

李德仁识

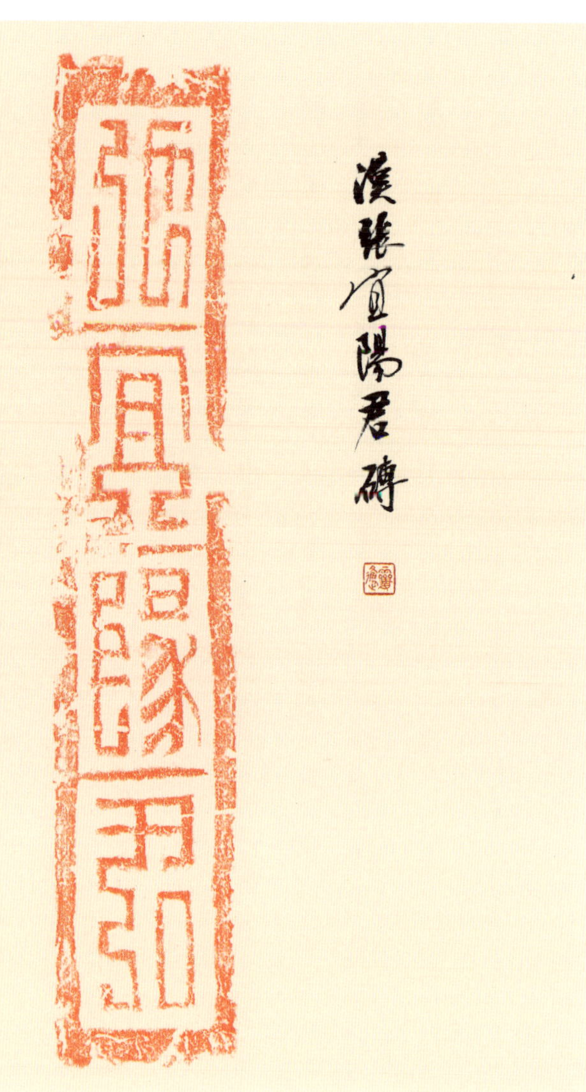

汉张宜阳君砖

是砖形制属浙江汉砖偏大者，书体甚佳，观之悦然。

辛丑仲秋　宁志刚

砖出浙江。砖文『张宜阳君』四字，体近缪篆。而略露九迭之势。每字界格形制，宽大严整而不刻板，极有气势。汉代印章虽美，难可比肩，诚汉砖之珍品也。

丁酉新正灯下赏玩欣然漫题

德仁

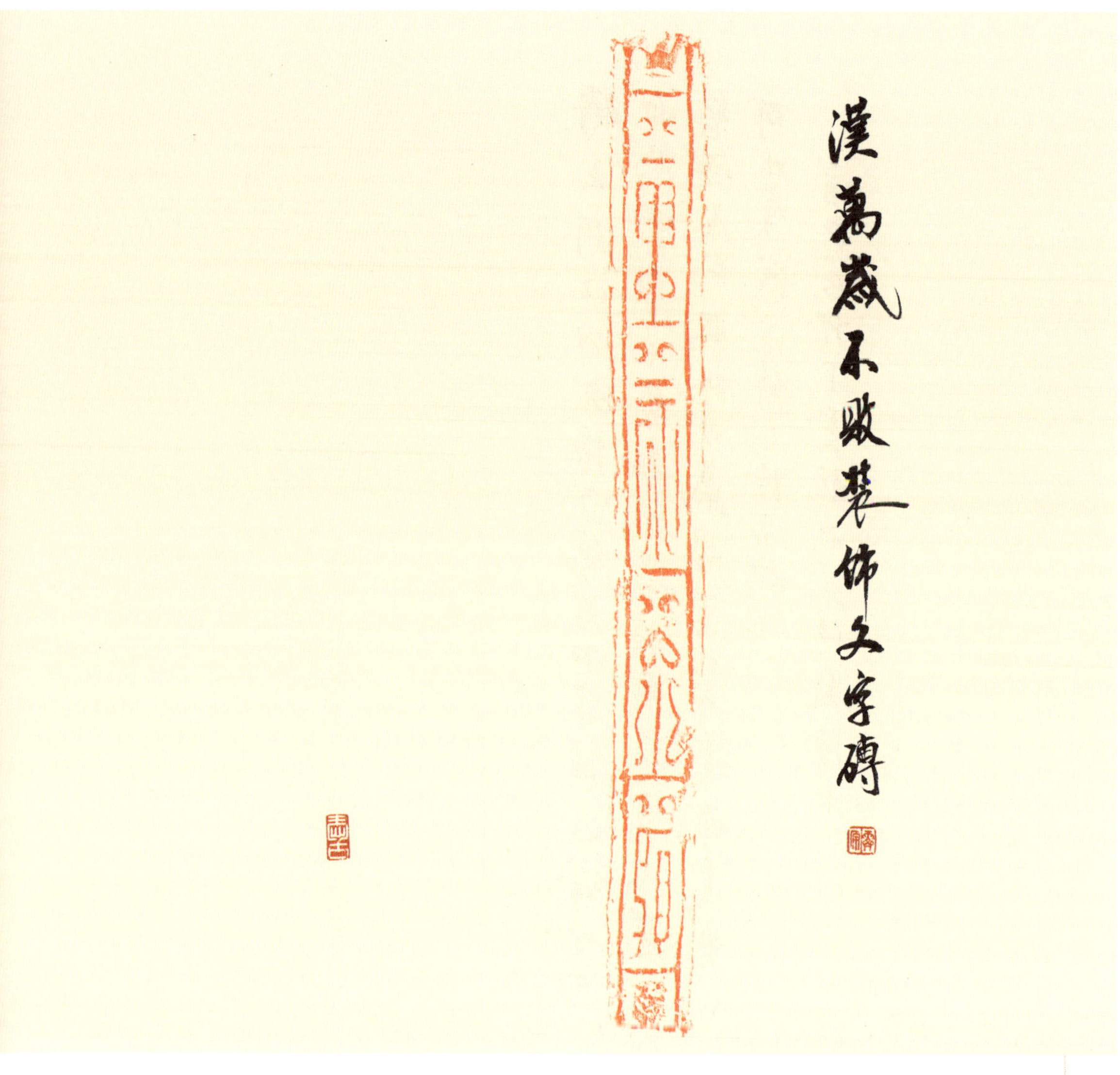

汉万岁不败吉语砖

『万岁不败』素为汉晋吉语砖尝见。是砖体势修长，图形精美，乃同类砖上品。

辛丑仲秋　宁志刚

此類文字磚從漢代至兩晉均有遺物發現文字近於裝飾圖案很難切確釋讀以往有人辨識爲萬歲不敗四字姑仍之以待再考此磚圖形優美文字變化多彩頗具匠心亦可供設計藝術參考

李德仁識

此类文字砖从汉代至两晋，均有遗物发现。文字近于装饰图案，很难切确释读。以往有人辨识为『万岁不败』四字，姑仍之，以待再考。此砖图形优美，文字变化多彩，颇具匠心，亦可供设计艺术参考。

李德仁识

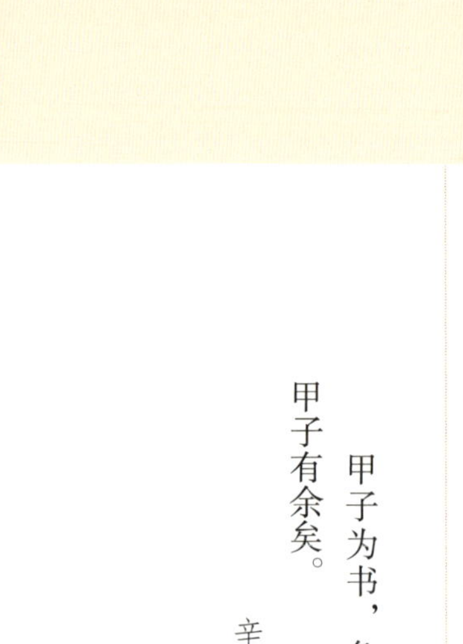

晋甲子有鱼砖

甲子为书，鱼身为图。是谓甲子有余矣。

辛丑立秋　宁志刚

砖出浙江。其上部有『甲子』二字，隶书反文。此砖面分为四格，『甲子』二字占第一格。第三格有一鱼图形，其第二、第四格，各有一『⊠』形，似为图案又似文字，尚需再考。甲子为干支纪年之首年。六十年一周甲子，人生六十岁为寿，故甲子有余为长寿之祝，盖『鱼』即『余』也。

霁原李德仁识

汉晋金钱砖

汉晋吉语砖甚众，然金钱二字者唯见此。

辛丑秋日　宁志刚

此砖出于江西。上有『金钱』二字，中间作一钱币图形，其上『五金』二字倒文。『倒』字音『到』，即寓金钱到门之意。砖纹金字及钱字金旁与钱币上的金字写法相同，皆古拙隶书。此种书汉晋间流行，当乃其时物也。

霁原李德仁识

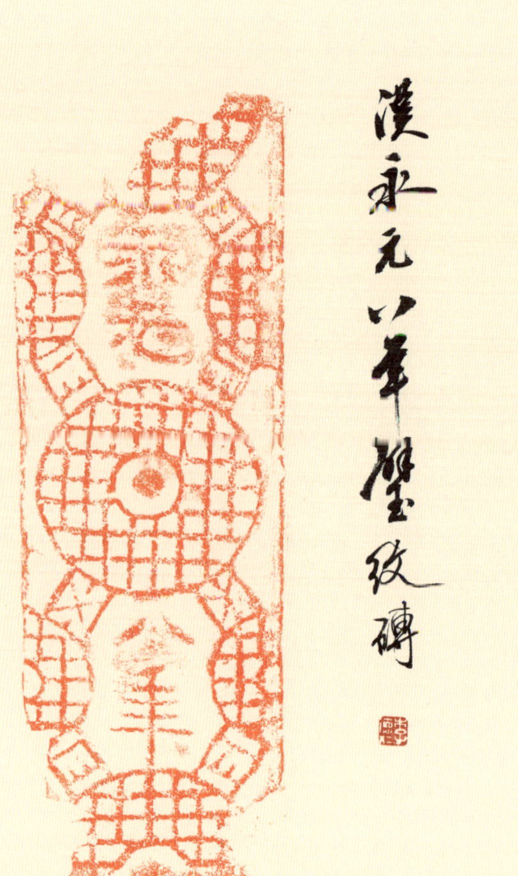

汉永元八年壁纹砖

汉晋古砖出自民间工匠不在少数，观此砖构图古朴自然，虽或失于精巧，反更见生气泱泱。

辛丑仲秋　宁志刚

砖出四川广汉。其纹中部为圆璧（璧），上下左右皆为半璧。若多砖砌合相连，则璧合相联矣。是此颇具匠心。璧间有『永元八年』隶书四字，古朴自然，天真可爱，观之怡然。

时丁酉春节方过，校院闲静，展纸因题。李德仁于山西大学寓

東晉泰和丁卯磚

第六字反復觀省應爲裘字此字中部一豎左右各兩點再上一橫連貫應是求字裘即裘字也通志氏族略云裘氏衛大夫食采於裘因氏焉 懷卞子題

东晋泰和丁卯砖

是砖乃研究悬针篆难得实证。余曾见张颔先生所书悬针篆数幅，极似。又清张廷济清仪阁所藏古器物文收录有泰和四年砖，其铭书远不及此。

辛丑秋日　宁志刚

砖出浙江。其上下各有一五铢钱纹。钱纹间有『晋泰和丁卯裘氏』七篆字。泰即太字之隆重写称（法）。太泰二字古多通用。今山东泰山古代亦称太山。文选李斯上秦始皇云：是以太山不让土壤，故能成其大，太山即泰山。汉韩婴著韩诗外传云：诗曰太山岩岩，鲁邦所瞻。太山即泰山也。太和丁卯即东晋废帝司马奕太和二年，公元367年。此砖文笔多方折而下垂，笔如悬针，与三国吴天发神谶碑多相似。唯此砖文较瘦劲而已，且笔意和婉，柔中寓刚，弥足珍贵。

榆次李德仁摹毕漫题

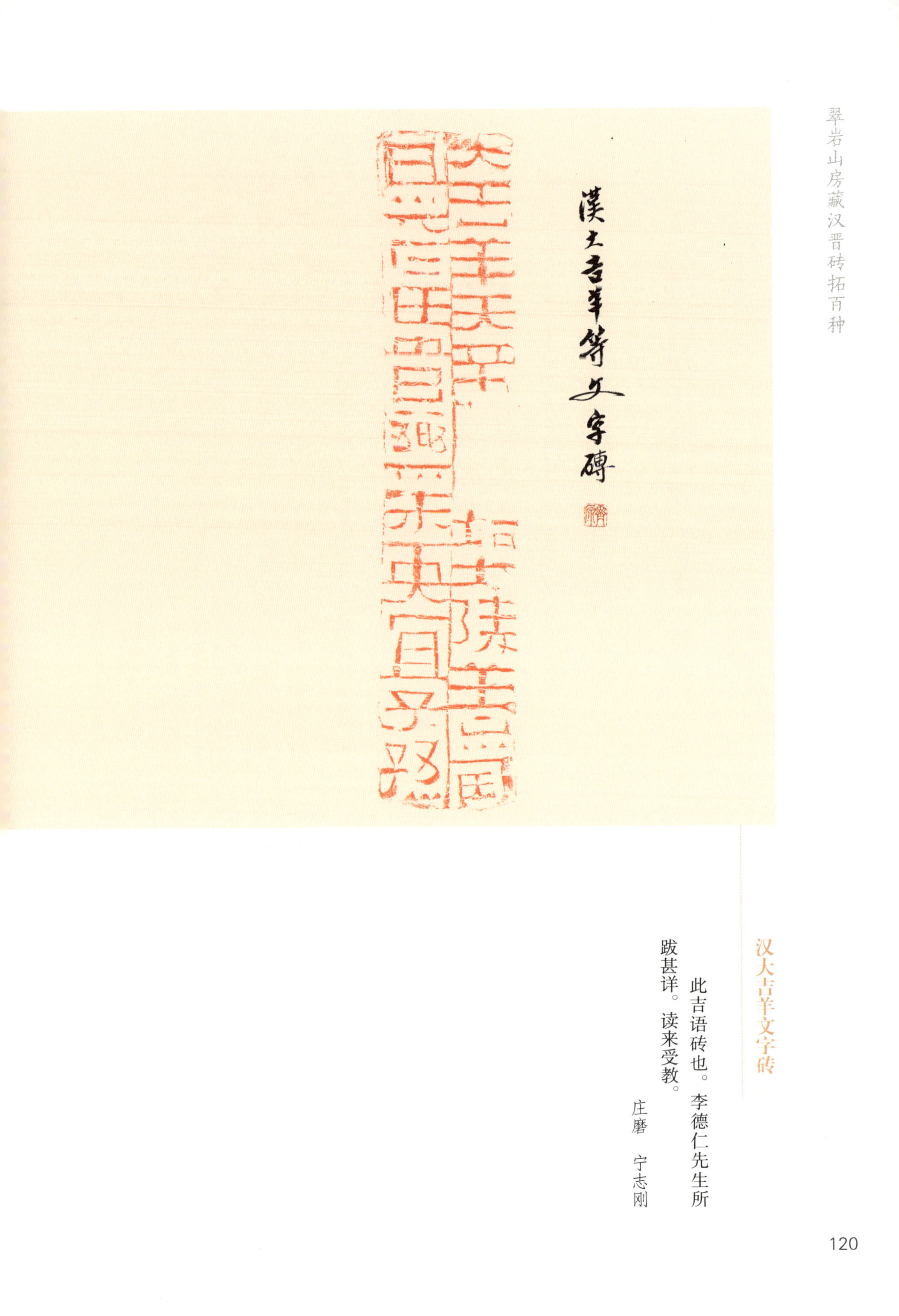

漢大吉羊等文字磚

汉大吉羊文字砖

此吉语砖也。李德仁先生所跋甚详。读来受教。

庄磨　宁志刚

此砖出江西抚州。上有隶书文字两行。旧难释读。余暇时临摹玩味，方知共廿一字，中残二字。其文曰：『大吉羊。天帝□□垣土陵善当宜富贵乐未央宜子孙』。汉代民间俗体文字往往任意增减笔划（画），故呈此状。又六朝时文字不太讲究，文字亦多有不合六书。余早年曾于北京琉璃［厂］得赵之谦手写影印六朝别字记一册，后交张颔老师书之，字多记俗写者。故此砖当为汉至六朝间物。姑从旧说为汉。

岁丁酉新春

李德仁存道堂灯下

汉君高迁宜子砖

说文云：『迁，登也』。是砖寓指职位升迁并宜子孙。铭文古朴，布白有度，殊为难得。

辛丑仲秋　宁志刚

砖出河南扶沟。砖文隶书『君高迁宜子』五字。此砖疑有残缺，字体虽为隶书，却颇含缪篆笔意。高迁即指升官，是亦吉详（祥）语砖也。字形支离朴拙，甚有稚趣。

霁原李德仁题

汉阳遂富贵砖

『阳遂』旧时一般指铜镜。阳遂取火，古籍有载。此砖文字图案并美，久观不厌。

庄磨　宁志刚

砖出浙江。其上下各有二字，为『阳遂、富贵』。次中各有一几何纹图案，中间为四花蒂纹。亦似连茎灵芝。其砖纹如篆如隶，布白笔法，颇有韵趣，堪称上品。若细心玩味，对篆隶书法及篆刻创作必有裨益。

霁原李德仁题

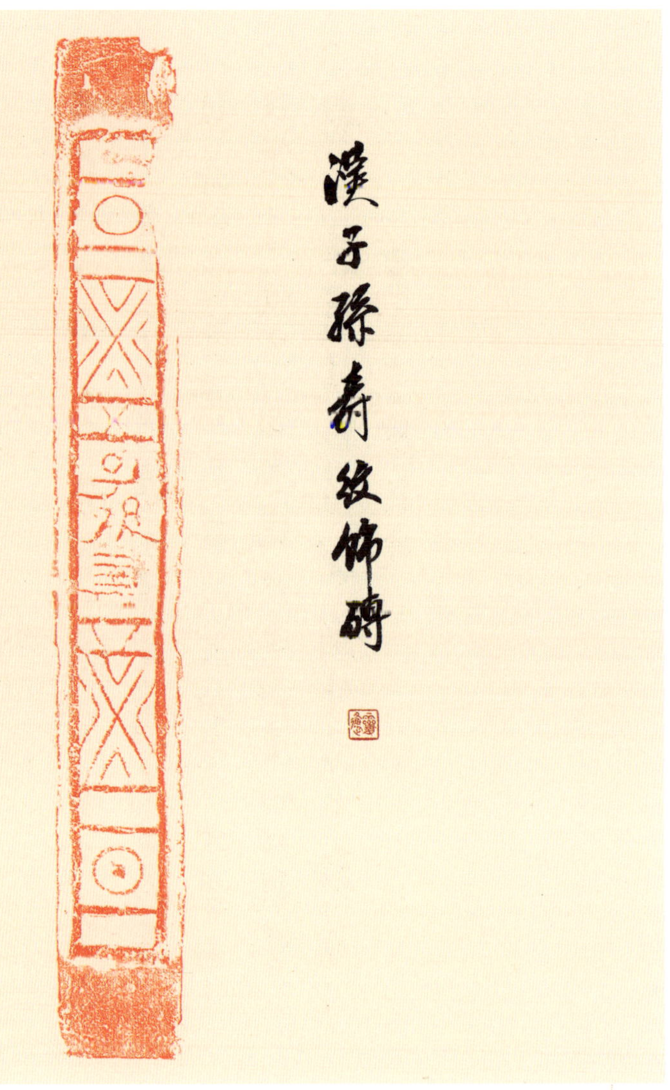

汉子孙寿砖

是砖与阳遂富贵砖图案相类，布局则各有妙处。两相参照，颇见意趣。

庄磨 宁志刚

砖出浙江，与阳遂富贵砖同出一处。砖之中段有『子孙寿』三字，似篆似隶，极有雅韵。砖之上下两端，各有一钱币纹。砖文之上下，各有一左右线条交叉的纹饰，形状有似于篆书中的五字，我们称之为五字纹。此五字纹内又各加有四个三角形，即出此样。五字纹在汉晋器物上所见甚多。当与五相关的吉祥语如五福、五行等有所联系。说文云：五、五行也，阴阳在天地间交〔于〕舞也。易·系辞上云：天数五，地数五。可知也。

霁原李德仁题于山西大学寓

漢家安久興千子萬孫磚

汉家安久兴千子万孙砖

是砖篆法别具风韵，肆中罕见。该砖藏者亦退厂谓『家安人兴千子万孙』，李德仁先生释『人』字为『久』字。余以为『人』字更贴切矣。

辛丑白露　宁志刚

此砖出浙江。上有『家安久兴千子万孙』八字。似篆如隶，字形遒美，颇具法度，且刻刀法清晰可见，故而颇饶汉印风采。因而对研究书〔法〕治印均具重要借鉴价值，诚可以宝。晴窗玩味，仿佛别有神会。

霁原李德仁
漫题于存道堂

晋富贵有钱砖

是砖以布局取胜，寓意自在其间，可谓出乎其类，拔乎其萃。

辛丑季秋　宁志刚

砖出浙江。同出者尚有万世不败出贵人砖一种。此砖上下各有一五字纹，中部有『富贵』二字，似隶而近楷，字下有一钱币纹图形，乃富贵祈财之意，亦吉语砖之一种也。

丁酉孟春　李德仁题

汉宜仙寿贵砖

汉晋古砖藏家，无不奉陆心源为泰山北斗。陆乃浙江湖州人，晚号潜园老人，清末四大藏书家之一。其皕宋楼以富宋元刻本著称。陆精于金石之学，所著千甓亭古砖图释对后世影响甚深。

庄磨　宁志刚

砖出浙江湖州长兴。清陆心源编千甓亭古砖图释一书中录有此砖。释其上文字为宜仙寿贵，今从之。汉晋造砖，限于当时生产条件，制作不易，故较珍视，所以多作铭文。一来防盗，故写名氏；二来祈福，故刻吉祥文字。刻字半出工匠之手，故字形或有错讹，未必皆合六书。加之砖模之笔划（画）有时被泥土填塞，印于砖上便成缺笔，是以难识。观者不可不知也。

李德仁题

晋大吉富贵宜子孙砖

晋大吉富贵宜子孙砖

是砖书法风格类摩崖石刻。余十数年前曾于武夷山摩崖前留连。近岁复蒙友赠定襄七岩山西晋胡奋纪功碑碑拓，暇时尝于书房晤对，喜不自胜。

辛丑季秋　宁志刚

此砖出于湖州。有隶书九字，『大吉富贵宜子孙吉也』，笔画横平竖直，有近于楷。唯『子孙』二字尚存汉隶之典型。『孙』字左右二部颠倒，乃刻模时不慎所至（致），却也别有意趣。

榆次李德仁识于太原

汉万世不败砖

是砖形制偏大，书法古拙厚重，与万世不败意颇合。

庄磨　宁志刚

此砖出湖州。有铭文四字加以美化装饰。已与六书规则不合。旧释为『万世不败』，姑从之。古人作篆书多有随意美化装饰、变易笔划（画）者，比如鸟虫篆，颇难释读，砖文如此，亦同类也。

雰原李德仁题

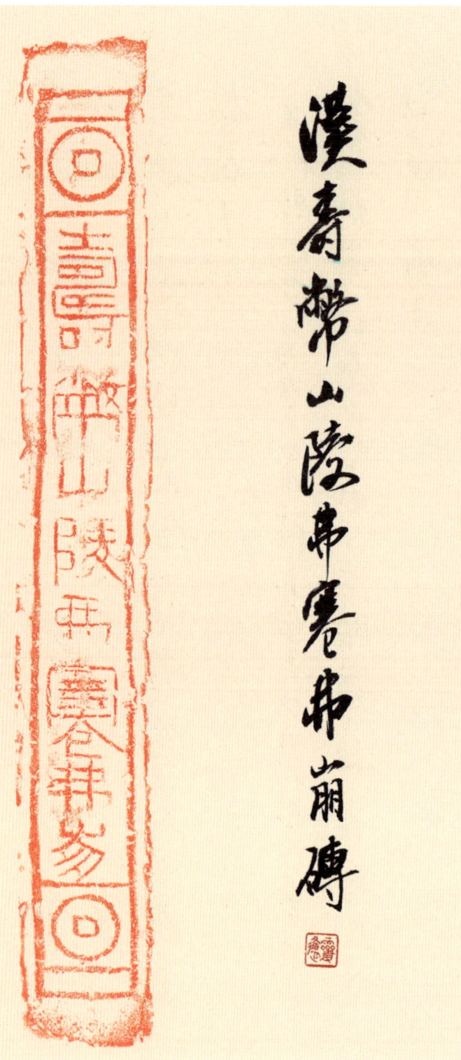

汉寿比山陵吉语砖

是砖古意纷繁。有学者释其义为『寿与山陵相终』，甚恰切矣。诗经·小雅·天保云：如月之恒，如日之升。如南山之寿，不骞不崩。可同参之。

辛丑霜降　宁志刚

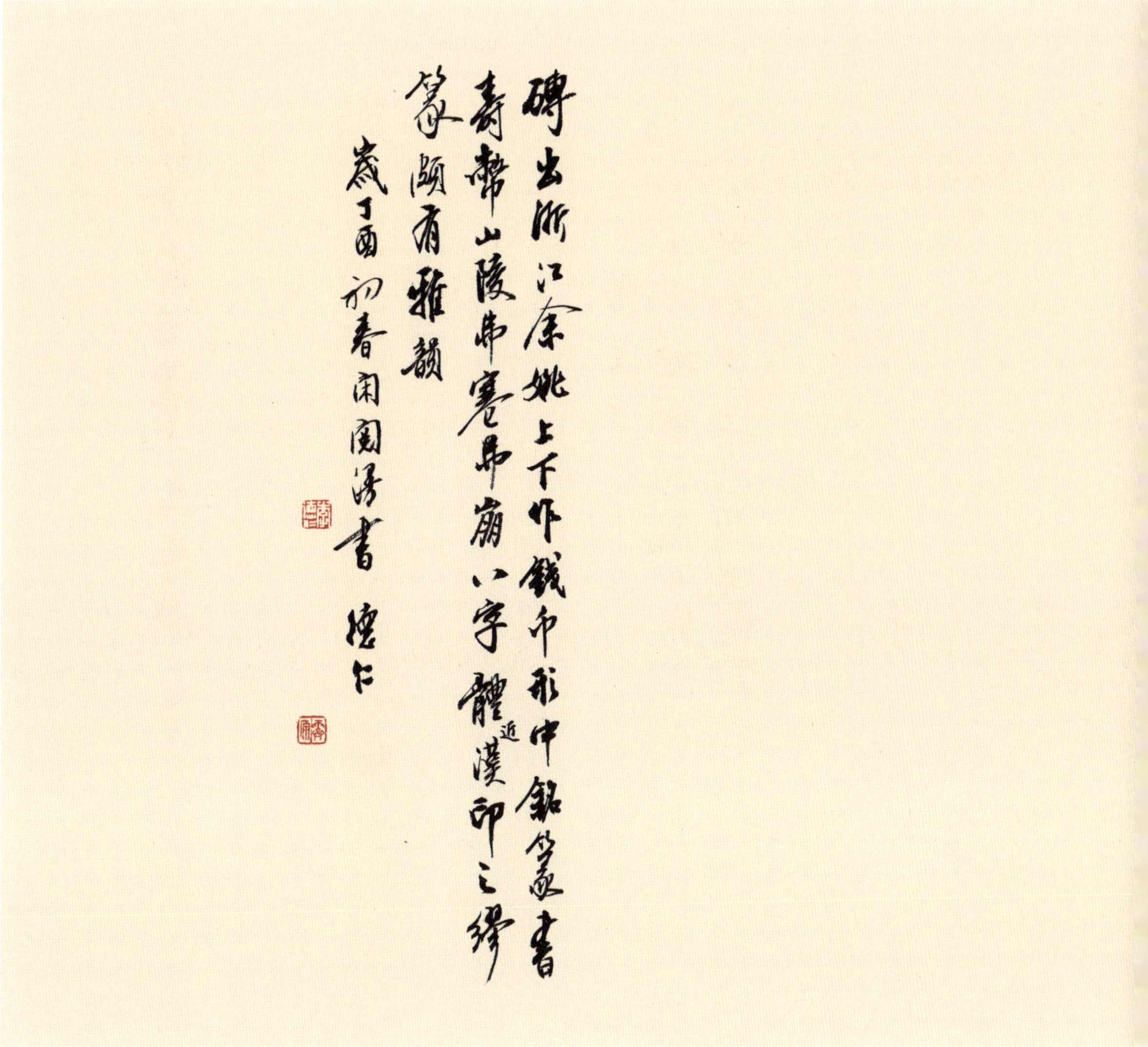

砖出浙江余姚。上下作钱币形，中铭篆书『寿幣山陵弗骞弗崩』八字，体近汉印之缪篆。颇有雅韵。

岁丁酉初春闲阅漫书　德仁

漢元初五年文字磚

釋文
延年益壽利後子孫吉
元初五年四月造作郭

汉元初五年文字砖

是砖收藏者亦退厂居士谓此砖为永初，李德仁先生释以元初。细观此拓，似为元初。永初为东汉安帝刘祜第一个年号。公元一一四年改永初为元初。

庄磨　宁志刚

此砖出四川巫山。上有隶书反文一十八字，『元初五年四月造作郭延年益寿利后子孙吉』。制作须先作砖模，刻字模上，制砖便印在砖上，而模上文字即与砖上文字左右相反。此砖因模上文字原已误刻为正文，印于砖上故成反文。元初为东汉安帝的第二个年号，元初五年即公元一一八年。此砖文书写颇佳，制作尤精。读者以镜照映，反转观看，便见妙处。

丁酉正月十三日　李德仁题

晋太康二年銖氏作砖

晋武帝司马炎于咸宁六年统一中国，改元太康，乃其第三个年号。太康元年至十年，西晋天下安宁，四海升平，史称『太康之治』。

庄磨　宁志刚

砖出浙江湖州德清县。砖文惟太康二年铢氏作八字，为缪篆体。晋代主流书体为隶书，此乃仿效印章形式，亦是砖文风气。太康为晋武帝司马炎年号，二年即公元二八一年也。铢原是重量单位，即一百粒黍谷之重量。此处铢氏乃姓氏。铢氏闻名于世者不多。正字通云：铢姓，明弘治举人，铢炫。

此砖文字规整，挺健古朴，或似晋印之放大。于书于印皆可鉴益。

雰原李德仁题于并门

晋太康八年砖

此典型纪年砖也。砖文书法颇具雄浑气象，正太康盛世写照也。

庄磨　宁志刚

此磚文筆法簡潔，體在隸楷之間，有太康八年等字，下部較多殘缺，難以釋讀。中國楷書始於魏晉，此磚文近楷而尚帶隸意，正是當時形態。漢晉磚文多仿治印，皆有邊框，然多爲單欄，此則雙欄，實爲少見。今世篆刻家可以效法。

霽原李德仁題

此砖文笔法简洁，体在隶楷之间，有『太康八年』等字。下部较多残缺，难以释读。中国楷书始于魏晋，此砖文近楷而尚带隶意，正是当时形态。汉晋砖文多仿治印，皆有边框。然多为单栏，此则双栏，实为少见。今世篆刻家可以效法。

霁原李德仁题

晋太康十年車是磚

此磚反文盖磚模已刻篆正文印於磚上即篆反文也

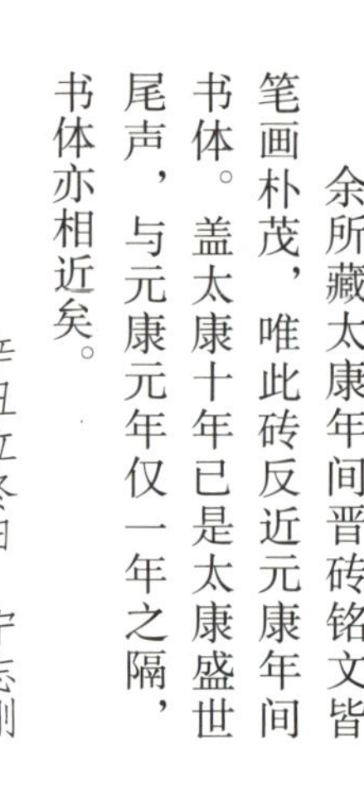

晋太康十年车是砖

余所藏太康年间晋砖铭文皆笔画朴茂，唯此砖反近元康年间书体。盖太康十年已是太康盛世尾声，与元康元年仅一年之隔，书体亦相近矣。

辛丑立冬日　宁志刚

砖出浙江。有隶书反文『太康十年七月廿五日车氏（是）造作』十三字。太康为西晋武帝年号，十年即公元二八九年也。铭文车是造作，车是大约是工匠名字，也有人认为『车是』乃『车氏』之误。余以为不太可能。因『氏』字当时运用很多，不至写误。清末介休郎用周藏汉晋砖颇多，其东汉永元十二年砖有杜少能作之铭文，当属同类。

岁丁酉孟春　李德仁识

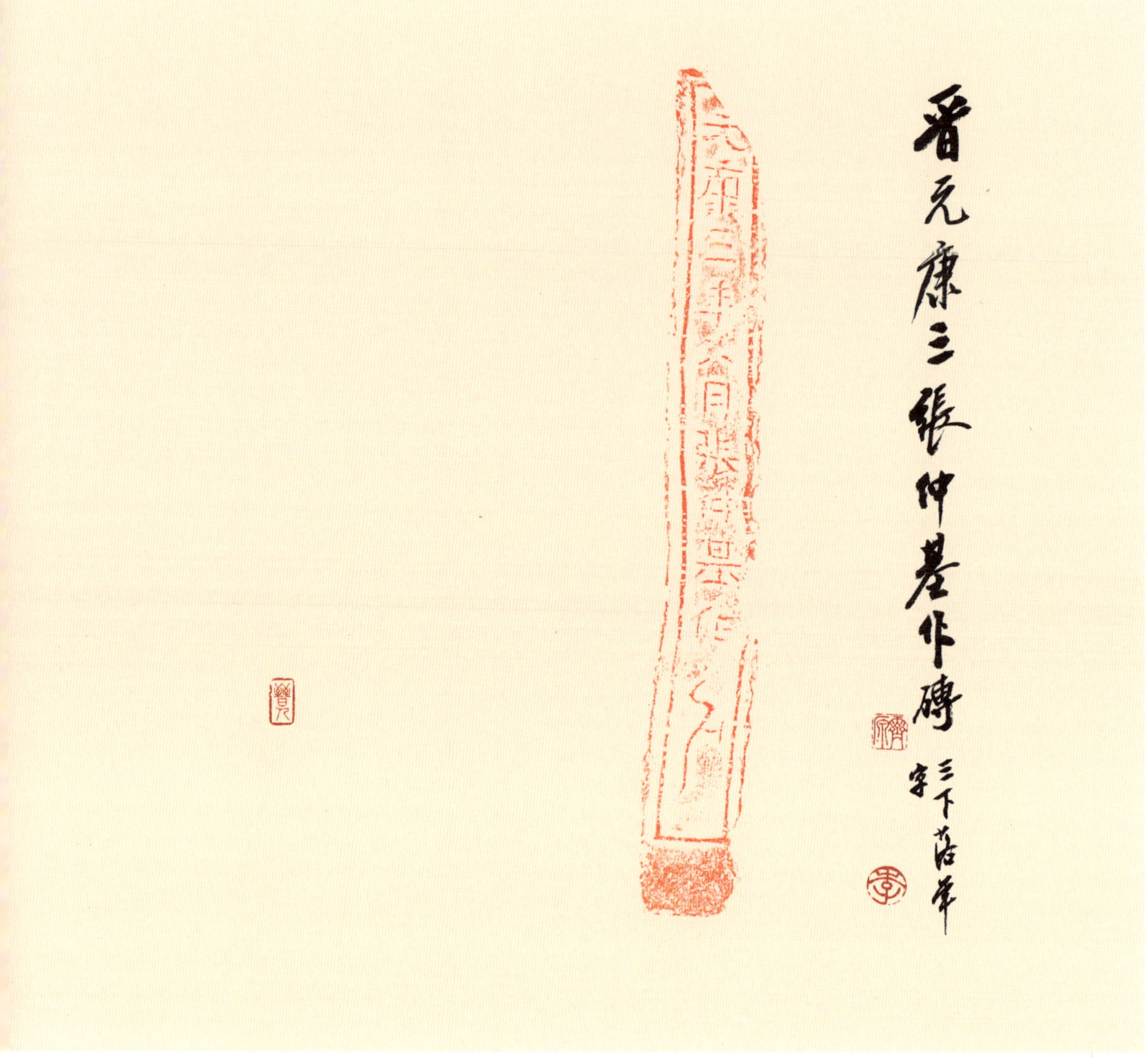

晋元康三年张仲基作砖

汉晋时期纪年砖鲜有图案，此砖乃为特例。

辛丑初冬　宁志刚

此砖较薄而微曲，铭元康三年六月张仲基作十字，似楷似隶，笔意萧疏，神趣闲澹，自具一种风气。张仲基应是工匠名，当以制砖为业。另一种可能是造砖之出资所有者。文字下方有一图案纹样，或以为凤鸟，尚须再考。汉晋古砖题作砖人名者不多，是以此砖尤为〔可〕观。

岁丁酉孟春晴窗李德仁

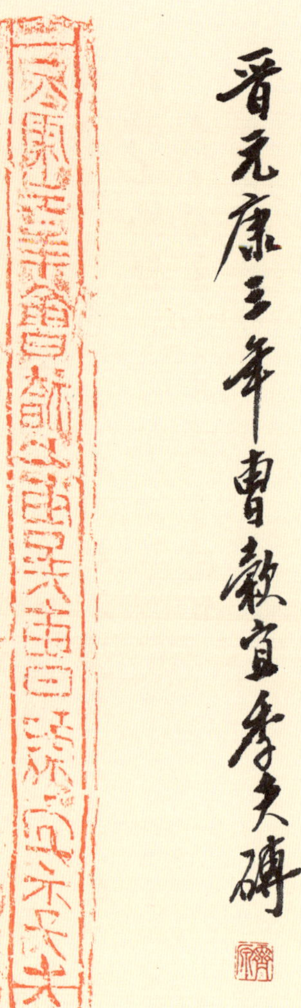

晋元康三年曹□宜季夫砖

会稽本山名。郡以山名，即今绍兴。上虞于秦王嬴政廿五年（公元前二二二年）即置县，属会稽郡。是砖传世极稀，得者宝也。

庄磨　宁志刚

此砖出浙江，上有铭文『元康三年会稽上虞曹□宜季夫』十三字。隶书而兼篆意，皆为反文。观者以镜映视，即见此砖文闲雅端丽，笔法布白皆有法度，非一般砖工所能凑笔，得为珍品也。凡反文砖制托（拓）片，须用钤印之法，而勿用拓制之法。或用雕版印书之法，则观赏更便。

岁丁酉二月李德仁题

晋元康四年八月番小造砖

清仪阁所藏古器物文录元康年间残砖数枚。相较之下，此砖形制颇巨，内容完整，当属汉晋精甓。

辛丑初冬　宁志刚

砖出浙江。有隶书铭文『元康四年八月甲子朔二日杨州会稽永兴番小造』廿字。书体自然缜密，浑然朴茂，饶有天真稚趣，诚隶书佳品也。元康为西晋惠帝司马衷年号。元康四年即公元二九四年也。杨州即指扬州。会稽属扬州统辖。晋书·地理志云：扬州合统郡十八，县一百七十三。其中有会稽郡。会稽郡统十县，其中有永兴县。

雰原李德仁题

晋元康八年刘氏冢工作砖

晋元康八年刘氏砖

汉末至两晋南北朝，兵燹离乱，政权更迭，年号频改，往往数方残砖，或已朝代尽换矣。灯下细观此拓，千年遗绪依稀可见。

辛丑重阳　宁志刚

砖出浙江。边框双栏，内有隶楷文字一行，『晋元康八年岁在戊午六月十四日甲申刘氏家工柯丑作』廿三字。考晋书·帝纪第四元康为西晋惠帝司马衷年号。惠帝昏庸无能，贾后专权，朝政大坏，民不聊生。中原混战，独江南尚较安宁。浙江能作此砖，地犹太平也。此砖文隶书已有楷意，小大参差，不失法度。雍雅自然，魏晋风度犹存，可宝也。

榆次李德仁阅记于太原小寓

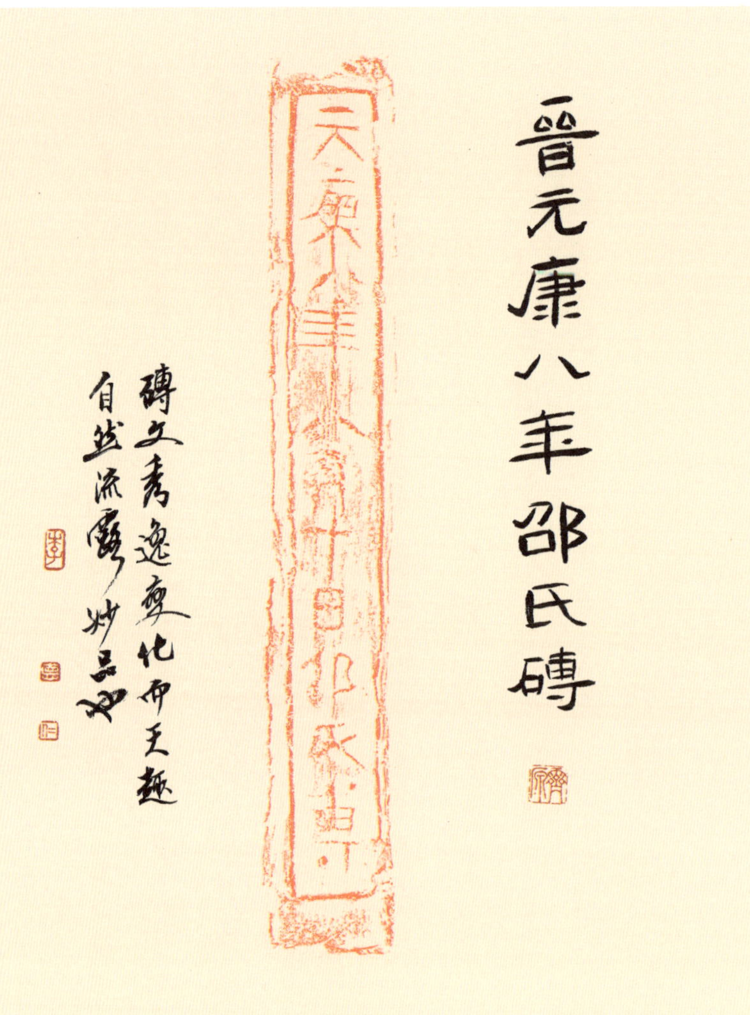

晋元康八年邵氏砖

砖文秀逸变化而天趣自然流露，妙品也。李德仁先生旁批寥寥数语，可谓兴之所致，其言不虚。

庄磨　宁志刚

砖出浙江绍兴。砖文隶书『元康八年八月十日邵氏专』十一字。元康为西晋惠帝司马炎（衷）年号，元康八年为公元二九八年。『专』即『砖』之省文。六朝时常以『专』代『砖』字，故专砖二（字）可通用。

李德仁题

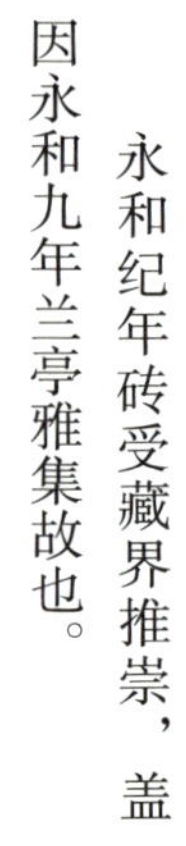

晋永和四年七月砖

永和纪年砖受藏界推崇，盖因永和九年兰亭雅集故也。

辛丑国庆　宁志刚

砖出浙江。上有铭文『永和四年七月』六字。体势在隶楷之间。文字笔意率真简洁，划（画）如刀锥，劲利有余，浑厚欠足。较之汉人隶法已趋简易，盖时代风（气）变化使然。永和为东晋穆帝司马聃年号。当（时）浙东一带文人荟萃，著名的兰亭集禊就发生于永和九年的会稽山阴之兰亭。诚一时之盛事也。

岁丁酉孟春
霁原李德仁题

晋永寧二年磚

晋永宁二年砖

李德仁先生以童发新笔所书略与常异。余沐手焚香，竟日而观。先生积毕生所学探赜索隐，钩深致远，所跋每多洞见，令余折服。

辛丑重阳　宁志刚

砖出浙江余姚。有隶书『永宁二年』四字。永宁为晋惠帝司马衷年号。永宁二年为公元三〇二年。此砖形制特殊，上部多半为图案，下部少半作文字。这图案亦应有含义，年湮代久，尚待证考。

李德仁试新制童发笔题

漢永初三年太歲己酉磚

汉永初三年太岁己酉砖

是砖有铭长七寸宽八寸。余量其长三十六公分，依汉时廿一又三公分为一尺，正合一尺七寸，与砖铭所记相符。乃汉代衡量单位实证也。

庄磨　宁志刚

此砖出浙江上虞。有铭文隶书『永初三年九月孙氏作太岁己酉』十三字。考永初年号有二：一为东汉安帝刘祜年号，一为南朝宋武帝刘裕年号。唯安帝刘祜永初三年岁在己酉，即公元一〇九年也。此砖文体势古拙朴茂而生动自然，无纤媚之习。在汉隶中亦属上品。

岁丁酉公元二零一七年初春

李德仁题

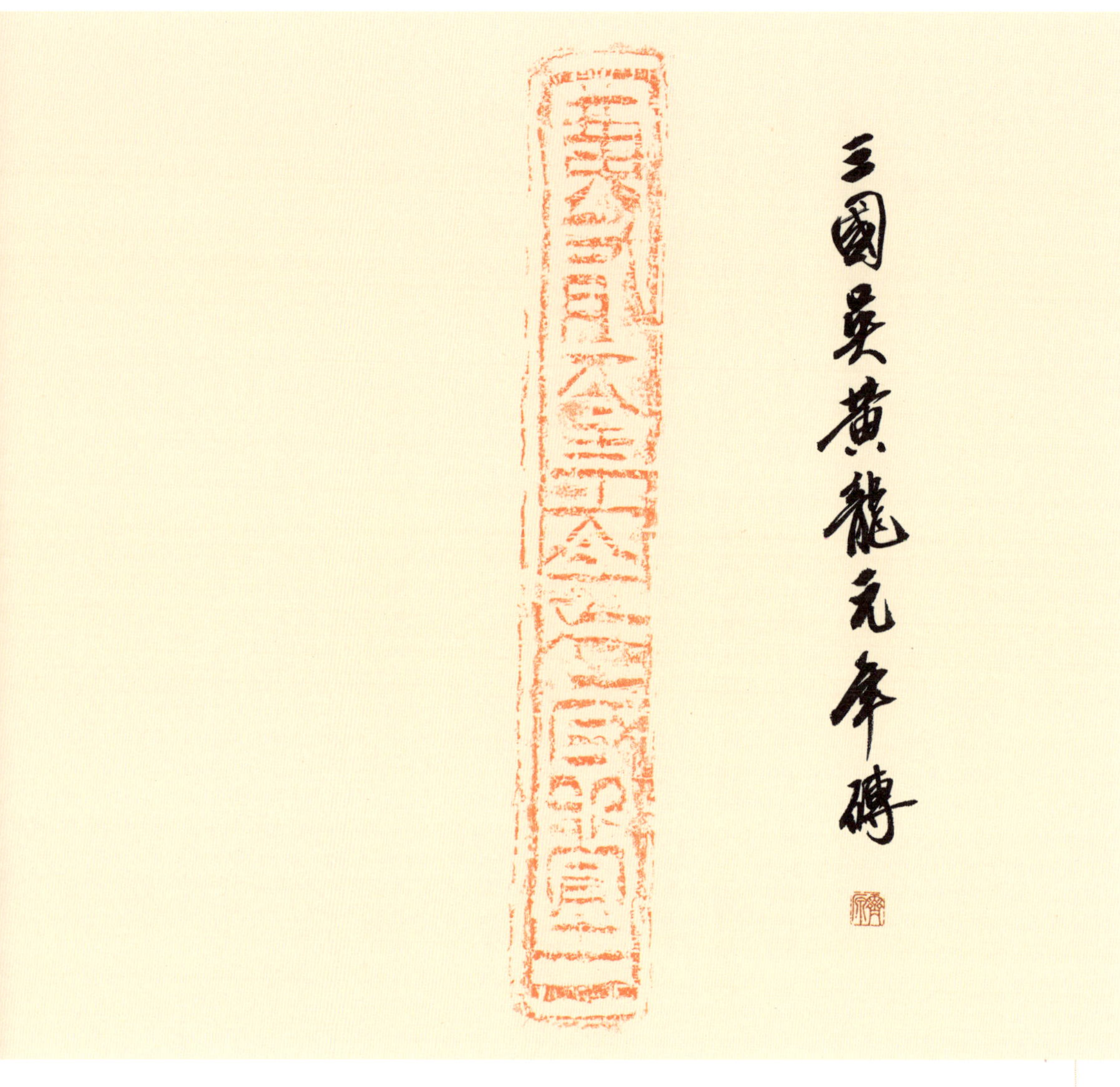

三国吴黄龙元年砖

黄龙乃三国时东吴孙权的第二个年号，共计三年。三国时朝代更迭频繁，古砖存世偏少。复因三国年号寓意颇佳，甚为藏家所重。黄龙砖亦如是。

庄磨　宁志刚

砖出浙江。有文多字。其上部为黄龙元年太字样。其下诸字笔〔画〕多残泐，暂不可释。字体古厚拙朴，犹饶逸趣。黄龙元年为三国吴大帝孙权年号，即公元二二九年也。汉晋制砖，同一模可以制砖多枚，故出土往往有同模相似者。来日发现渐多，当可释出全文。

霁原李德仁题

三國吳天紀元年八月造磚

天紀元年八月造

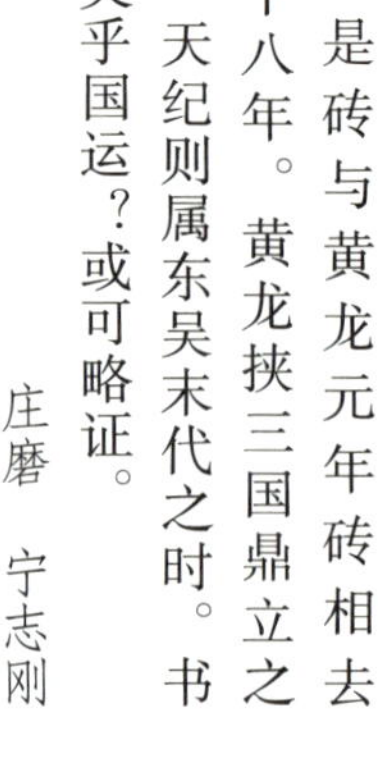

三国吴天纪元年八月造砖

是砖与黄龙元年砖相去四十八年。黄龙挟三国鼎立之势，天纪则属东吴末代之时。书风关乎国运？或可略证。

庄磨　宁志刚

砖出浙江绍兴。有铭文七字『天纪元年八月造』。体势疏简，亦是隶书，然与黄龙元年砖大异其趣。盖制模书者所习不同，旨趣各别也。天纪为吴末帝孙皓最后年号，距吴亡仅四年。国势衰败而民间作字亦如此殊少气魄，不似孙权黄龙砖之博厚气象。书风关乎国运，于此犹可见也。

岁丁酉二月初二日俗谓龙抬头也　李德仁题

南朝宋元嘉七年潘氏作砖

南朝宋元嘉七年潘氏作砖

元嘉乃南朝宋文帝刘义隆年号，计廿三年余。宋文帝继宋武帝治国方略，重用寒士，劝课农桑，成就元嘉之治。此间文学繁荣，开元嘉体诗风。元嘉砖存世量少，宋诗人李吕曾有诗云：元嘉两行字，败甓八字书。元嘉年砖遂名重天下。

辛丑秋夜　宁志刚

砖出浙江余姚。铭文云：『宋帝元嘉七年八月十日潘□之作葬蔡父』共十七字。体势近于隶书而已有楷书笔意。字皆反文，以镜映视，即见韵趣。笔法逸宕，似柔寓刚。字型（形）朴茂，纷披而饶天真自然之神意。今人习隶者难得此境也。此种反文砖不应硾（捶）拓，致反文难看。应当砖上刷墨或刷色，如宋明之版画印刷，则铭书之美尽可见矣。

岁在丁酉仲春二月十六日晴窗

李德仁题

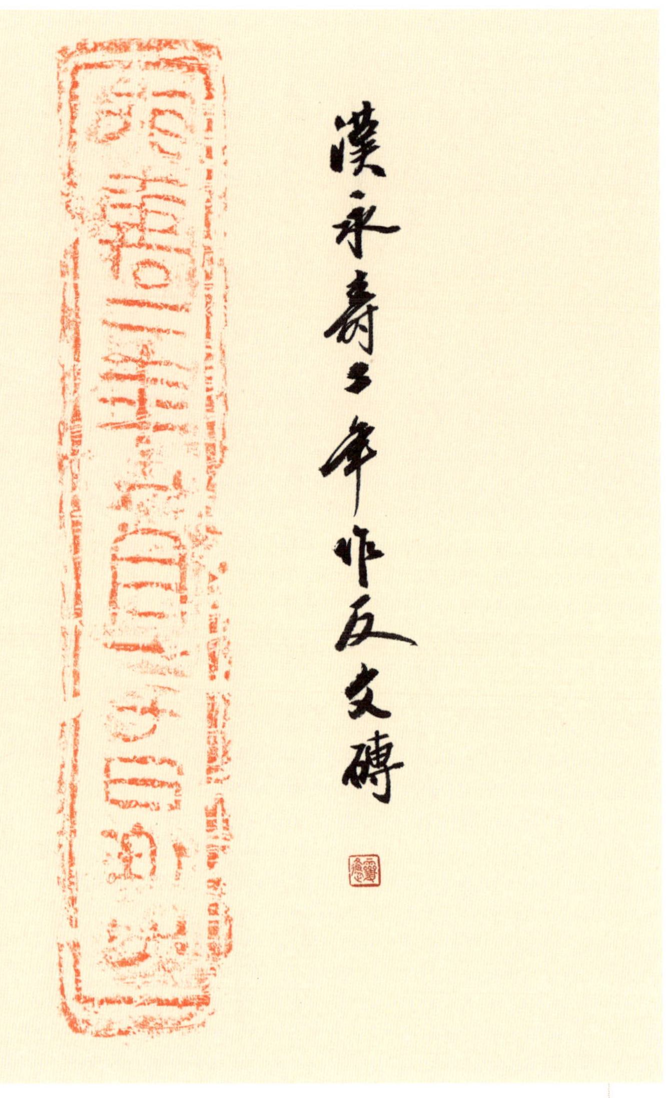

汉永寿二年砖

永寿年号砖存世偏少。是砖书法颇佳，可见汉隶气象。

辛丑秋日　宁志刚

砖出浙江。有铭字隶书反文『永寿二年九月十七日作也』，共十一字。以镜映视，可见此铭方正深朴，高古淳腴。与东汉衡方碑风格略近。永寿二年是东汉桓帝刘志年号，即公元一五六年也。

岁在丁酉初春榆次
李德仁识于并门

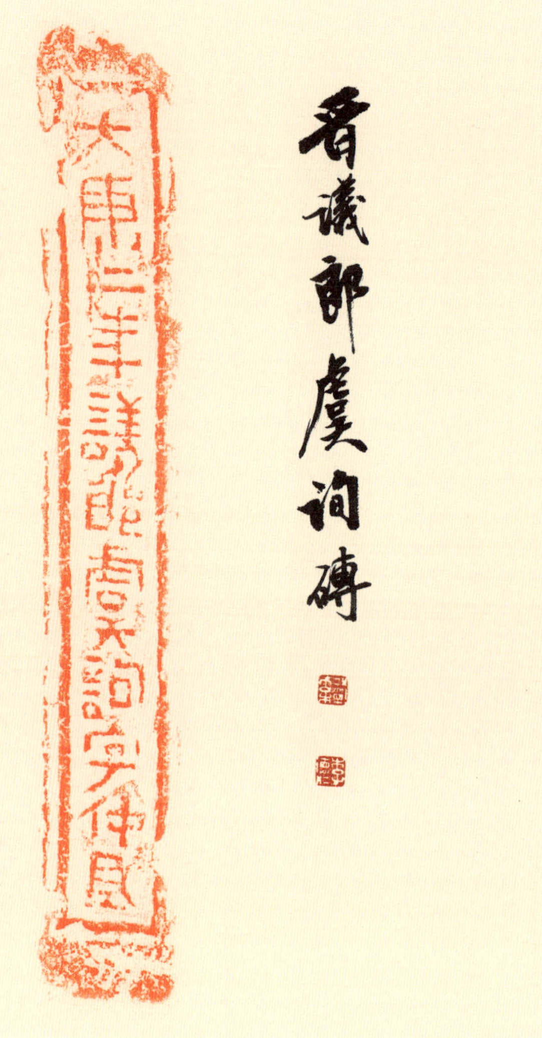

晋议郎虞询砖

古砖收藏，首重文字。千年之物，一朝出土，纪年可考，颇类读史。

辛丑十月　宁志刚

此砖形如汉晋印章，微成弧形，乃烧造时受热不均所至（致）。砖文共十一字，『太康二年议郎虞询字仲威』。按泰康二年乃晋武帝司马炎执政之第十六年。当时国内形势较好，故有太康盛世之称。议郎为官名，秦代始设，掌论议。汉代时特征贤良方正之士任之。秩类六百石。皇帝有诏，即行应对顾问之事，为郎官中之高级者。虞询，史书未载，待考。此砖文字笔法布白皆有法度，诚汉晋砖文之上品。

岁丁酉正月十四日晴窗

李德仁

漢葬庚地位公侯等字磚

汉葬庚地位公侯砖

汉碑遗存甚少，汉砖数量出土尚属可观也，于汉代书史研究，或有补益。

庄磨　宁志刚

砖出浙江余姚。铭文分两格，上格刻『葬庚地位公侯』六字，下格刻『传送下二千石』六字。书体似篆如隶，笔法简洁，看似平易而耐人寻味。汉代公侯是皇族以外官位之极。二千石指奉（俸）禄。汉代相国与郡守的奉（俸）禄为二千石，故二千石又是相国郡守之代称。汉人例爱吉祥语，此砖乃典型之作。

岁丁酉春仲
李德仁题于存道堂

晋萬年不敗出貴人磚

晋万年不败出贵人砖

是砖乃典型民间工匠手笔。拙中见巧，率意天然。

辛丑秋月　宁志刚

此砖出于浙江。有铭文七字『万年不败出贵人』。体在楷隶之间。结构方正而饶朴拙之意，当为工匠之作。其厚重遒真处实为文人书笔所不及。拙中之华，实中之巧，往往为书家略过。观者于此当有省处。

岁丁酉仲春

李德仁时年七十有二

汉大吉宜子孙有钱砖

反观朱拓，颇具汉印机趣，学印者可鉴。

辛丑初冬　宁志刚

砖出浙江。有隶书反文『大吉宜子孙』五字。下有一钱币图形。对镜反映观之，即见其豪放宽博之势，结字自然参差，饶有天趣。于此亦可见汉隶之神韵。今汉碑存于世者，大皆字划（画）驳蚀严重，而汉晚近出土者，却较完好，参而读之更易神会。

李德仁灯下漫题

泊桂等字朱文磚

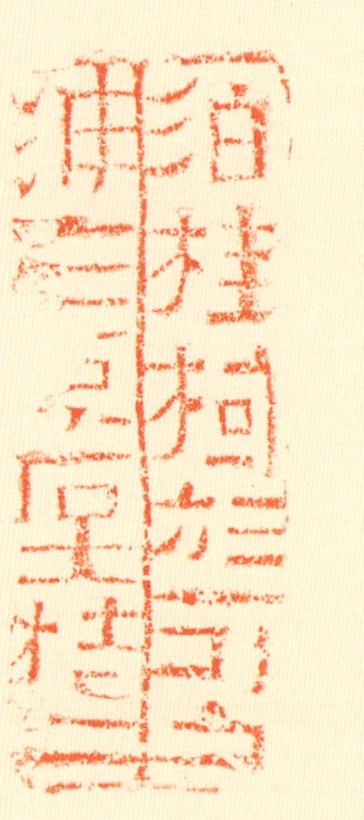

泊桂树于浦高堂砖

是砖藏者亦退厂居士言，此砖高价购得，然终难释出，引为憾也。另有藏家释为泊桂树于浦高堂于。

辛丑霜降　宁志刚

此砖文字竖排两行。其首『泊桂』可识，其余多字尚难释读，砖文辨识须看原砖研究，仅看拓本释辨更难。此砖文古朴支离，颇有意趣。字体隶书，汉晋间佳品也。

李德仁观记

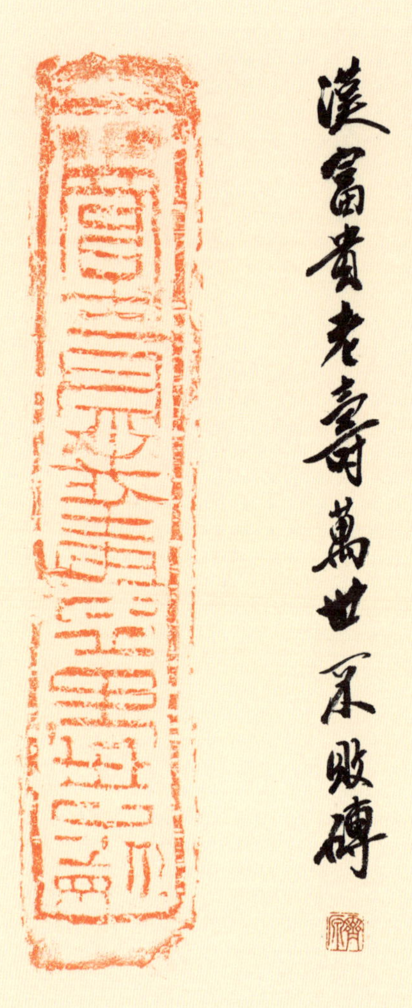

汉富贵老寿万世不败砖

汉晋砖多见『万世不败』吉语，古人祈愿，盖可窥也。

庄磨　宁志刚

砖出浙江湖州。有篆书反文『富贵老寿万世不败』八字。体势颇类汉印，加以边框更似汉代封泥，只是形制特大而已。汉代治印通用缪篆，此砖铭文亦是曲（典）型缪篆。可知砖文乃由印章艺术发展而来。艺术乃性情之产物，古人条件不同，性情自然有别。今人学古鉴古便能超越今时之条件，广开茅塞，体悟艺道恒常，然亦非皮毛之袭可以凑（奏）效。

丁酉春夜霁原
李德仁灯下题

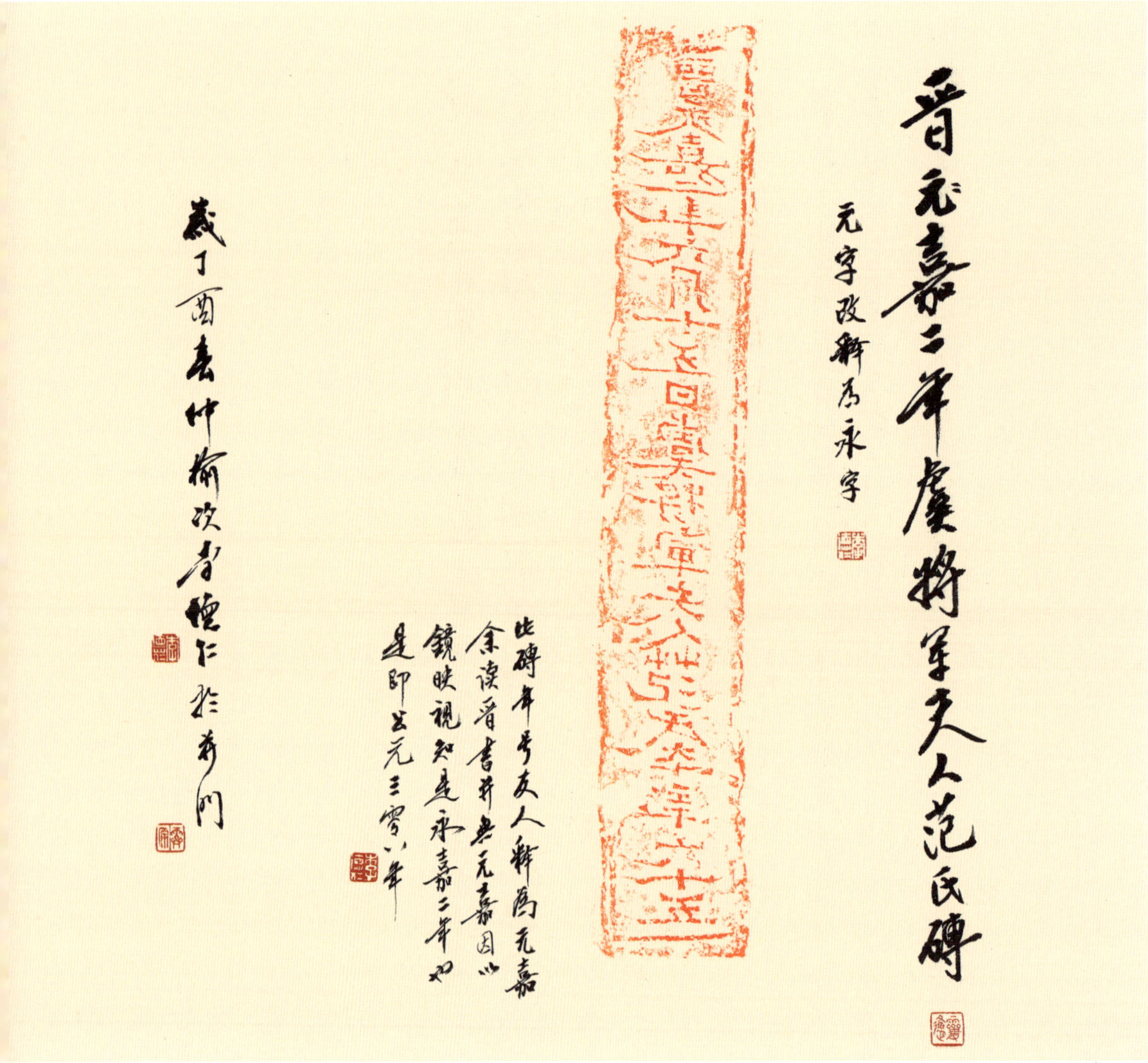

晋永嘉二年虞将军夫人范氏砖

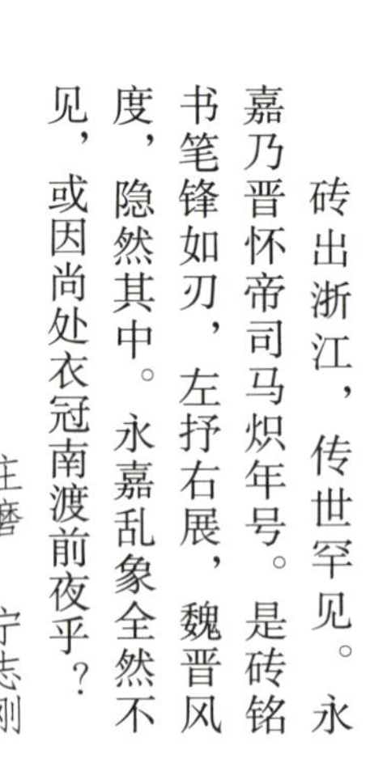

砖出浙江，传世罕见。永嘉乃晋怀帝司马炽年号。是砖铭书笔锋如刃，左抒右展，魏晋风度，隐然其中。永嘉乱象全然不见，或因尚处衣冠南渡前夜乎？

庄磨　宁志刚

此砖年号友人释为元嘉。余读晋书并无元嘉，因以镜映视，知是永嘉二年也，是即公元三〇八年。

岁丁酉春仲榆次
李德仁于并州

跋

宁志刚

是书古甓由济南赵冠群先生所藏所拓。赵冠群先生号亦退厂，富金石收藏，乃当代传拓名家。凡擅朱拓，远非坊间拓匠可望项背也。癸巳夏，余于荣宝斋获此百拓，喜不自胜。丙申秋，经著名考古学家张颔先生四子张小荣兄绍介，恭请著名学者、书画家李德仁先生一一题跋，庋藏翠岩山房，珍若拱璧。辛丑岁始，余偶或展阅，清茗一杯，素笺几纸，每于会心处略记所感，自是曲肱饮水亦欣然。此间幸得吾邑九原冈出土绳纹汉砖，谬识数语，置诸册首，何其乐也。至若李德仁先生所跋，一则考证辨析，要言不烦，新见迭出。二则率性挥毫，清正典雅。除九原冈所出汉砖，悉由先生亲书，并欣然应邀作序，何其感也！书坛名宿陈巨锁先生赐题书名，为拙著增色不少，何其幸也！又魏美荣、雷森林、戴致华、王志坚、宋文明、李培林、李敏杰、李林春诸君倾心襄助，何其诚也！余无以回谢，唯当更加致知力行，以报大家厚爱于万一。付梓之际，余致函著名诗人周同馨先生请为书跋。同馨乡兄于余亦师亦友，在省报任职经年。余大学时期所发诗歌处女作，即由同馨先生责编。对余所嘱，同馨乡兄谦辞不受，提议由余略叙始末，庶可代为跋矣。余不才，素不擅铺陈为文，谨述缘起，或难卒读，唯无虚言也。是为记。

辛丑小雪于翠岩山房

图书在版编目（CIP）数据

翠岩山房藏汉晋砖拓百种 / 宁志刚主编；李德仁题跋. — 太原：山西人民出版社，2022.5
ISBN 978-7-203-12274-6

Ⅰ. ①翠… Ⅱ. ①宁… ②李… Ⅲ. ①古砖—金石—拓片—忻州—汉代—晋代—图集 Ⅳ. ①K877.22

中国版本图书馆CIP数据核字（2022）第077834号

翠岩山房藏汉晋砖拓百种

主　　编：宁志刚
题　　跋：李德仁
责任编辑：魏美荣
复　　审：武　静
终　　审：梁晋华
装帧设计：华胜文化

出 版 者：山西出版传媒集团·山西人民出版社
地　　址：太原市建设南路21号
邮　　编：030012
发行营销：0351-4922220　4955996　4956039　4922127（传真）
天猫官网：https://sxrmcbs.tmall.com　电话：0351-4922159
E-mail：sxskcb@163.com　发行部
sxskcb@126.com　总编室
网　　址：www.sxskcb.com

经 销 者：山西出版传媒集团·山西人民出版社
承 印 厂：山西康全印刷有限公司

开　　本：787mm × 1092mm　1 / 16
印　　张：12.5
字　　数：190千字
版　　次：2022年6月　第1版
印　　次：2022年6月　第1次印刷
书　　号：ISBN　978-7-203-12274-6
定　　价：105.00元

如有印装质量问题请与本社联系调换